顾　问

曾智明　杨　钊　梁亮胜　吴惠权
黄英豪　余国春　余鹏春　李金松
凌友诗　黄少良　刘元顺

编著者简介

黎国威，广东省梅县人，中国国民党革命实践研究院毕业，蒋经国、李焕的学生。

孙中山台湾足迹

黎国威 编著

广东人民出版社
南方传媒
·广州·

图书在版编目（CIP）数据

孙中山台湾足迹/黎国威编著. —广州：广东人民出版社，2015.12（2024.1 重印）
ISBN 978-7-218-07363-7

Ⅰ. ①孙…　Ⅱ. ①黎…　Ⅲ. ①孙中山（1866~1925）—生平事迹　Ⅳ. ①K827=6

中国版本图书馆 CIP 数据核字（2011）第 222798 号

SUNZHONGSHAN TAIWAN ZUJI
孙中山台湾足迹
黎国威　编著

出 版 人： 肖风华

责任编辑： 柏　峰　张贤明
责任技编： 吴彦斌　周星奎

出版发行： 广东人民出版社
地　　址： 广州市越秀区大沙头四马路 10 号（邮政编码：510199）
电　　话：（020）85716809（总编室）
传　　真：（020）83289585
网　　址： http://www.gdpph.com
印　　刷： 广州市岭美文化科技有限公司
开　　本： 889mm×1194mm　1/16
印　　张： 8　　**字　　数：** 100 千
印　　数： 3001—6000 册
版　　次： 2015 年 12 月第 1 版
印　　次： 2024 年 1 月第 2 次印刷
定　　价： 200.00 元

售书热线：（020）87716172

孫中山台灣足跡畫冊

中山思想
德澤民族

中山學術文化基金會董事長吳伯雄題

中国国民党前主席、中山学术文化基金会董事长吴伯雄题词

革命先行者孫中山先生永垂不朽
偉人風範
紀念辛亥革命一百周年題
庚寅冬
梁國揚

中华全国台湾同胞联谊会会长梁国扬题词

孫中山台灣足跡畫冊

革命先驅
民族之光

中華人民共和國第八至十屆全國人大常委
香港大紫荊勳賢
曾憲梓

中华人民共和国第八至十届全国人大常委、香港大紫荆勋贤曾宪梓题词

孫中山台湾足迹畫册

客家精神

世界客屬総會理事長
新竹縣縣長
邱鏡淳題

世界客属总会理事长、新竹县县长邱镜淳题词

前　言

孙中山先生，一代伟人，他推翻了中国几千年的封建帝制，1911年建立了亚洲第一个民主共和国——中华民国。中华民族要走向富强，孙中山倡导的“民族、民权、民生”理念在建国立业中发挥了重要作用。

孙中山为中国革命贡献了毕生心血。1895年发动第一次广州起义失败后，在清政府悬赏缉拿的压力下，他不得不流亡海外，四海漂泊，为革命事业筹款，直至1911年12月25日，孙中山结束海外流亡生活，回到祖国，前后达16年之久。

孙中山在海外漂泊的16年艰苦生涯中，足迹遍布美国、英国、日本、马来西亚、新加坡、越南等国。他所到之处给世界华人播下了推翻旧帝制的革命火种，点燃了振兴中华、富国强国的希望。

2015年是孙中山逝世90周年。孙中山在海外世界华人中享有很高的声誉，他一生的经历是中国革命的珍贵历史，也是我们学习的一部厚重的文化宝典。

台湾是中国版图上的一颗璀璨夺目的明珠，那一湾浅浅的海峡就如连接母子之间血脉的脐带，把宝岛台湾的命运与近代中国的兴衰跌宕紧密连在一起。

孙中山生前心系台湾同胞，认为台湾是发展国民革命事业的重要基地。他先后派人在台湾成立了兴中会台湾分会和同盟会台湾分会，并亲自到台湾勉励革命同志。孙中山先后于1900、1913、1918年3次赴台，足可看出他从不曾忘却台湾的前途和台湾人民的命运，始终将台湾和祖国的革命事业联系在一起。在孙中山心中，台湾一直是其主张的“民族主义”的重要组成部分，在其弥留之际，还念念不忘，连喊：“团结！奋斗！救中国。”

台湾同胞也深情怀念着孙中山。当孙中山带着未酬的壮志，在北京病逝的噩耗传到台湾时，台湾民众悲恸万分。《台湾民报》发表了社论《哭望天涯吊伟人》。台湾的各民众团体也不惧日本警察的干扰，于1925年3月24日冒雨召开了规模盛大的追悼会。追悼会上，民众团体的代表纷纷发表悼词以寄托对孙中山的哀思，情真意切地表达了台湾人民对孙中山的无限崇敬和爱戴。

直到今天，孙中山在台湾民众心中的地位之高，台湾民众对伟人的崇敬之情，都是无可比拟的。宝岛台湾还是保存伟人资源与史迹最完整、最丰富的地区之一。

百年既往，万象更新，振兴中华，统一祖国仍然是两岸人民追求的目标与努力的方向。

为更好地继承和弘扬孙中山的爱国主义精神，再现伟人在宝岛的风采，本书通过追寻孙中山在台湾的足迹，深入挖掘孙中山在台湾的珍贵史迹史料，以图文并茂的精美书籍回馈读者，用深情、亲切的笔触缅怀孙中山伟大的一生。（未标明图片来源的均为编者自拍）

革
未成功
同志仍須努力
爱尔兰
伦敦
巴黎 马赛
布鲁塞尔
柏林
北京 天津 太原 青岛
汉口 南京 武昌 上海
福州 广州 中山 桂林
香港 澳门
长崎 福冈
大阪 熊本
基隆 台北 横滨
缅甸
老挝
泰国
柬埔寨
新加坡
河内 海防
堤岸 西贡
菲律宾
槟城 怡保
吉隆坡
婆罗洲

孙中山的革命足迹
芝加哥 丹佛
温哥华 华盛顿
旧金山 洛杉矶
檀香山 珍珠港

福州市
莆田市
湄洲岛
龙岩市
泉州市
漳州市
厦门市
梅州市
潮州市
枫溪区
揭阳市
揭西县
汕头市
汕尾市

台北市
新竹县
台北中山楼
台中市
台北故宫博物院
花莲市
嘉义市
台南市
高雄市

孙中山海外革命足迹

广州起义是孙中山及兴中会领导的第一次反清武装起义。它是资产阶级革命派以暴力形式和政治手段登上历史舞台的开始。1895年，孙中山亲自发动的第一次广州起义失败后，革命进入了一个『最艰难的困苦时代』，在清政府的悬赏缉拿压力下，他不得不流亡海外。此后，孙中山在海外从事反清革命运动，曾在香港和美国、加拿大、日本、新加坡、马来西亚、越南等地留下了足迹。孙中山在海外从事革命多年，直至辛亥革命成功，前后共达16年之久。

1895年11月2日晨，和陈少白、郑士良乘『广岛丸』号流亡日本。

1896年1月，只身到檀香山。前后三个月到美国旧金山对华侨进行革命宣传。

1896年9月23日，横渡大西洋，转渡英国和欧洲大陆。孙中山曾在伦敦遭清政府鹰爪绑架，惊险获救，名声大振。

1897年7月，离英国赴加拿大。

1897年8月，到日本横滨，居住三年。

1898年，援助菲律宾独立运动。10月，在台湾筹军火款支持惠州起义。

1899年，筹划惠州起义。

1900年7月，到香港，在英国建造的日本邮船株式会社的『佐渡丸』号船上召开军事会议。

1900年9月，第一次到台湾，指挥惠州起义。

1901年4月，到檀香山。

1902年12月，到越南逗留半年，发动华侨建立革命组织。

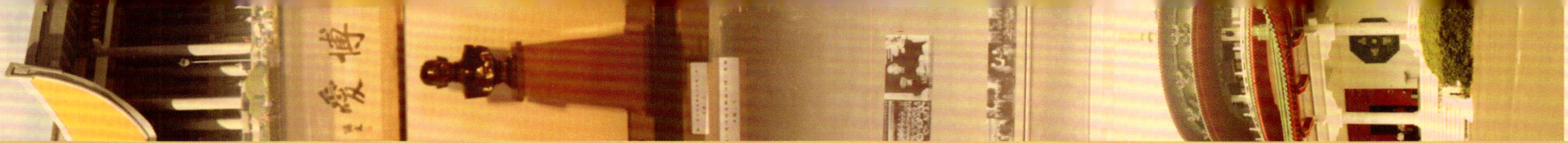

1911年4月，在加拿大、美国筹款支持广州发动黄花岗起义。

1910年12月6日，自马来西亚槟城启程赴欧州，再转美国。

1910年11月13日，在马来西亚槟城召开会议，谋划在广州大举起义。

1910年2月，在美国旧金山建立同盟会分会。3月，抵檀香山，改组兴中会组织为同盟会分会。

1910年1月，成立同盟会芝加哥分会。

1909年11月，到美国纽约。12月，成立中国同盟会纽约分会。

1909年8月，到英国伦敦。

1908年秋，在新加坡建立中国同盟会南洋支部。

1907年3月至1908年4月，在越南河内设立指挥粤桂滇三省起义的领导机关，组织策划多次国内边境革命起义。

1906年4月，在新加坡成立同盟会分会。8月，抵马来西亚吉隆坡，设立同盟会分会。

1905年10月，到越南西贡、堤岸组成同盟会分会，发行债券，筹集起义资金。

1905年8月，在日本成立中国同盟会。

1905年7月，从欧洲去日本，途中停留新加坡。

1904年12月，到伦敦。去过比利时、德国、法国会见中国留学生，成立革命组织。

1903年至1904年，为争取革命力量，在檀香山加盟洪门致公堂。

1903年春，到泰国。

孙中山海外革命足迹

1911年12月25日，在经历海外流亡生活后回到上海，受到各界人士热烈欢迎。

1912年1月1日，在南京就任中华民国第一任临时大总统。

在封建主义与帝国主义的双重压迫下，辛亥革命的成果不幸被袁世凯窃取。在国内发动讨袁的二次革命失败后，为继续未竟的革命事业，孙中山被迫再次流亡海外，积极筹划护国运动，继续指挥讨袁以及一系列反帝反封建的运动。

1913年2月11日，由上海启程赴日本，为实行铁路计划，寻求外资的合作。

1913年3月23日，惊闻『宋教仁案』，是日专程返国。25日，抵沪，召集同志会商，主张立即起兵讨袁。8月5日，乘『抚顺丸』号从福建马尾秘密到台湾基隆，下榻于台北御成町梅屋敷。

1913年9月27日，在东京筹组中华革命党。

1914年6月23日，中华革命党在东京举行选举大会，孙中山被推为总理。

1914年7月8日，中华革命党正式在东京成立，旋在国内外进行讨袁。

1914年9月20日，开革命方略讨论会于东京，定『青天白日满地红』旗为国旗。

1915年3月10日，在日本揭发日本政府与袁世凯交涉的卖国的二十一项要求之真相，通告党员积极声讨袁世凯。

1915年9月18日，在日本通告海内外同胞声讨袁世凯。

1915年10月25日，在东京与宋庆龄女士结婚。

1916年4月27日，因内地情势告急，故自日本返回上海指挥讨袁。

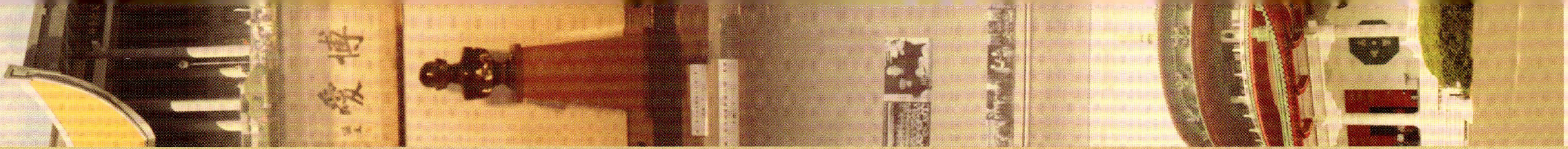

嘱中仍然不忘『联合世界上以平等待我之民族，共同奋斗』。

1925年3月12日，孙中山不幸在北京辞世，举国同悲，海内外无不惋惜与哀恸。在孙中山留下的国事遗

重申废除包括『二十一条』在内所有对华的不平等条约的要求，希望得到海内外各界人士的支持。

是孙中山最后一次到达海外的日子。11月28日，孙中山在日本的神户慷慨激昂地演讲了《大亚洲主义》，

直到最后的日子，在冯玉祥电邀其北上之时，孙中山仍然坚持选择取道海外的日本。1924年11月24日，

1924年11月21日，由上海取道日本赴天津，途经台湾。11月24日，抵达日本神户。

头乘船前往日本，途经台湾。

1918年5月21日，辞去军政府大元帅职离开广州，护法运动失败。6月6日，携胡汉民、戴季陶等人从汕

目 录

一、推翻帝制立雄心，海外革命点烽火 ---------- 01
（一）少年走出翠亨村，立志救国渡海外 ---------- 02
（二）甲午中日海战，国土被割台湾受辱 ---------- 04
（三）创立兴中会同盟，反清救国斗志坚 ---------- 08
（四）广州起义虽失败，流亡海外重奋斗 ---------- 10
（五）海外筹款结义士，革命全靠华侨胞 ---------- 12
（六）反帝团结同盟会，三民主义建中华 ---------- 16
（七）心系台湾点火种，反清反帝起义火 ---------- 18
（八）前赴后继为革命，流血牺牲染黄沙 ---------- 20
（九）碧血黄花悲歌颂，武昌起义建民国 ---------- 22

二、三渡台湾播火种，统一大业建中华 ---------- 25
（一）惠州起义燃烽火，孙中山首渡台湾 ---------- 26
（二）讨袁护国维共和，孙中山二渡台湾 ---------- 28
（三）讨逆护法唤民族，孙中山三渡台湾 ---------- 33
（四）台湾义士志气扬，追随中山志不渝 ---------- 36
（五）受邀北上谋统一，孙中山途经台湾 ---------- 44
（六）出师未捷噩耗传，台湾民众悼伟人 ---------- 46

三、抗战救国万众心，国共合作驱倭寇 ---------- 51
（一）渡尽劫波泯恩仇，兄弟同心反倭寇 ---------- 52
（二）海峡情浓万众心，携手救国抗侵略 ---------- 60
（三）捷报频传终胜利，举国齐贺喜欲狂 ---------- 64

四、宝岛台湾创辉煌，缔造亚洲四小龙 ---------- 71
（一）蒋经国继承遗志，关爱人民促改革 ---------- 72
（二）台湾人民双手创，奇迹建设美丽岛 ---------- 76
（三）秉承中山民族情，两岸齐心望统一 ---------- 84

五、伟人真迹珍贵史，中华英雄多豪情 ---------- 89

六、千秋功名垂青史，伟人评说显风采 ---------- 97

附录　孙中山生平大事年表 ---------- 106

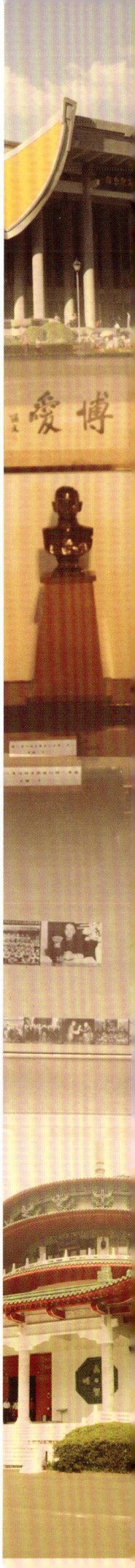

一、推翻帝制立雄心，海外革命点烽火

1895年2月21日，孙中山在香港成立兴中会总部。中日甲午海战，以清廷战败告终，4月17日，清政府与日本签订了丧权辱国的《马关条约》，把台湾割让给日本。

孙中山在清政府迫害下离开祖国，漂洋过海，流亡国外。为了革命，他四处向海外华侨筹款，组织革命，在海外达16年之久，并在16年间，发动了10次国内革命起义。

1911年武昌起义成功，孙中山从海外回国，创立中华民国，并任中华民国第一任临时大总统。

（一）少年走出翠亨村，立志救国渡海外

孙中山，名文，字德明，号逸仙。出生于广东香山县（今中山市）农村。自幼聪明、热情，好学深思。14岁那年，随同母亲搭乘海轮“格兰诺克”号（SSGRAMNOCK）前往檀香山探望长兄，留住当地，进入教会学校接受三年西方教育，学到许多国际知识和政治观念，兴起改造祖国的志向。

18岁，孙中山回国继续学业。期间发生了中法战争，清廷求和，放弃越南，孙中山“始决倾覆清廷创造民国之主”。于广州结识同学郑士良；在香港又和杨鹤龄、尤列、陈少白意气相投，朝夕相聚，倡言革命，旁听者都感到惊愕，称他们为“四大寇”。

27岁，孙中山毕业于香港西医书院，先后在澳门、广州两地悬壶济世，开设药局，而暗中与诸同志密谋举义。

一、推翻帝制立雄心，海外革命点烽火

3

2

4

5

6

1. 圣哲的诞生地，孙中山的家乡。孙中山说：“文乡居香山之东，负山濒海，地多沙砾，土质贫劣，不宜于耕，故乡 人多游贾于四方。”——《伦敦蒙难记》。
2. 1879年6月，孙中山随母赴檀香山，投奔哥哥孙眉。同年秋至 1883年夏，孙中山先后在檀香山意奥兰尼书院（Iolani School）和奥阿厚书院（Dahu College）读书，接受西方教育，初萌改造祖国的愿望。图为意奥兰尼书院旧址。
3. 1883年夏，17岁的孙中山从檀香山辍学返乡。图为当时的孙中山。
4. 1886年秋，孙中山入广州博济医院学医。图为博济医院校舍。
5. 1887年到1892年间，孙中山在香港西医院读书时常与陈少白（左三，1869—1934，新会人）、尤列（左四，1866—1936，顺德人）、杨鹤龄（左一，1868—1934，香山人）聚谈反清抱负，抨击时政，被称为“四大寇”。图为1892年“四大寇”合照。
6. 孙中山从香港西医院毕业后，于1892年9月到澳门镜湖医院担任义务医席。12月，在澳门开设中西药局。图为澳门镜湖医院旧址。

（二）甲午中日海战，国土被割台湾受辱

1894年春，朝鲜爆发东学党领导的农民起义，朝鲜政府请求中国出兵。日本政府以保护使馆和侨民等为名派大军入朝，于7月25日突袭中国北洋舰队，挑起中日甲午战争。中日甲午海战，清廷无心抗战，一再求和，导致战败。直隶总督李鸿章，于1895年4月17日在日本马关与日本全权代表总理大臣伊藤博文签订了《马关条约》。

《马关条约》是1860年以来外国侵略者强加给中国的一个最苛刻的不平等条约，它使日本得到二万万两白银的巨大经济利益的同时，将中国的台湾、澎湖列岛割让给日本。

1895年6月至10月，不畏强暴的台湾军民为反对《马关条约》割让台湾给日本，在义士丘逢甲的倡议下，建立共和国政体的“台湾民主国”，组织抗日义军，掀起了大规模的反抗日本侵略者的武装斗争。台湾各族人民群起响应，纷纷加盟义军。在丘逢甲与刘永福等领导下的义军，凭着满腔忠愤，与日本侵略者坚持了4个多月的浴血奋战，经过大小20余战，歼灭了大量日军。同年10月19日，刘永福兵败内渡，两日后台南陷落，“台湾民主国”因而灭亡。存在时间仅150天。

一、推翻帝制立雄心，海外革命点烽火

2

3

4

5

6

1. 中国北洋舰队的“致远”号在黄海战役中奋力抗敌，与敌激战后，“致远”巡洋舰沉没，管带邓世昌(1849—1894)等为国捐躯。“致远”舰编制为204—260人。
2.《马关条约》签订后，台湾民众反割台的声势巨大，纷纷组织义军抗击日本侵略者。图为台湾抗日地图。
3. 1895年清廷割台，台湾同胞以刘永福（1837—1917）善战推举为抗日领导，防守台南。日军闻黑旗将军刘永福骁勇善战，迟迟不敢南下。嘉义沦陷后，日军采取三路钳形进攻，刘永福孤立无援，不得已离台内渡。图为黑旗军名将刘永福。
4. 台湾割让，丘逢甲（1864—1912）率乡民函电清廷力争，并首倡抗日义举，因寡不敌众，潜归广东，仍念念不忘恢复大业。其后孙中山领导革命在广东屡次举事，丘逢甲均力庇革命党人。中华民国成立，被选为临时政府参议员。图为革命志士丘逢甲。
5. 在威海卫之战中，主帅丁汝昌（1836—1895）指挥北洋舰队抗击日军围攻，但未得到上级命令，无奈港内待援，致北洋海军陷入绝境。弹尽粮绝又无援军，丁汝昌拒绝了日军的劝降和逼降，服毒自尽以谢国人。图为北洋舰队主帅丁汝昌。
6. 1894年，甲午战争中黄海海战激烈的战况。

1

2

3

一、推翻帝制立雄心，海外革命点烽火

1. 时任直隶总督的李鸿章（1823—1901）。

2. 日本总理大臣伊藤博文（1841—1909）。

3. 1895年4月17日，李鸿章和伊藤博文在日本马关的春帆楼（现改建成旅馆，旁边盖有一间“日清媾和纪念馆”）签订了结束中日甲午战争的不平等条约：《马关条约》，割让台湾和澎湖列岛。图为谈判现场。

（三）创立兴中会同盟，反清救国斗志坚

孙中山眼见中国日益衰败，中国人民受尽欺凌。1894年春天，孙中山回到故乡中山市翠亨村，潜心苦研，洋洋洒洒写了八千字的《上李鸿章书》，与陆皓东等人北上，以望能面见李鸿章，希望能凭个人之力，拯救大厦将倾的清朝。当时，李鸿章忙于应付中日甲午战争而无暇接待，孙中山上书李鸿章的举动受挫。孙中山又目睹甲午海战中清廷的腐朽，遂下定决心以反清救国为己任。孙中山在檀香山建立起中国第一个革命团体兴中会，并开始策划一系列反清救国的起义运动。

当檀香山兴中会成立之际，对日战争一败涂地，清廷威信下降，《马关条约》的签定，更令民心愤激，国内同志函促孙中山返回香港，立即约集旧日共矢革命志友会商。于1895年2月21日在香港成立兴中会总会，对外托名“乾亨行”，积极展开革命起义活动。

1

一、推翻帝制立雄心，海外革命点烽火

2

3

4

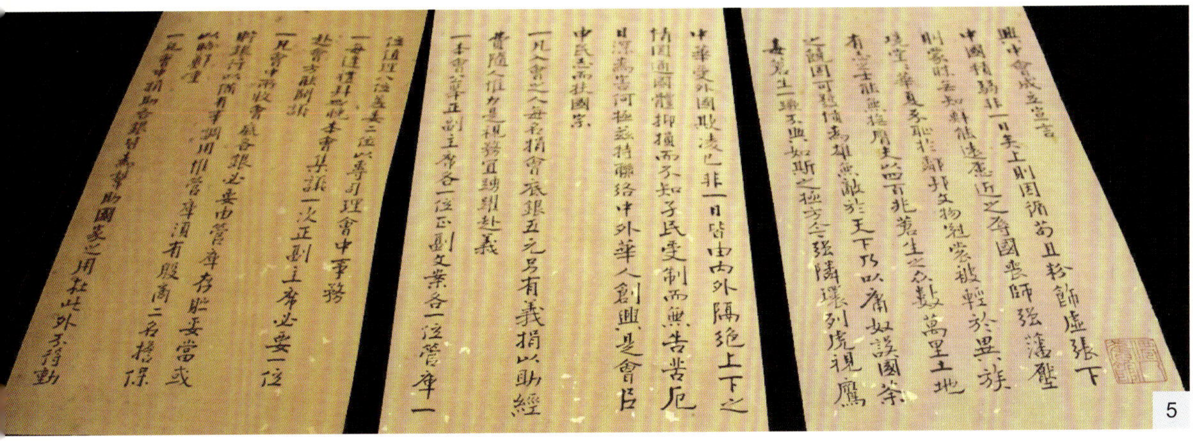

5

1. 孙眉（1854—1915）在檀香山茂宜岛（Maui）的住宅，被称为革命的策源地。
2. 孙中山长兄孙眉，是最早的兴中会会员之一。
3. 1894年11月24日，孙中山在檀香山组建中国最早的革命团体兴中会。图中房屋为首批会员宣誓处，是华侨李昌的私宅。
4. 1895年2月，香港兴中会总会以“乾亨行”商号为掩护进行活动。图为“乾亨行”旧址。
5. 藏于台北国父纪念馆的孙中山亲笔书写的《兴中会成立宣言》手稿。

（四）广州起义虽失败，流亡海外重奋斗

1895年，经过半年多的策划，终于决定在粤俗重九（农历九月初九重阳节，阳历10月26日）扫墓之日起义，以袭取广州为革命根据地，不幸事泄，党人陆皓东等多人被捕殉难。陆皓东在殉难之前，慷慨供称："务求惊醒黄魂，光复汉族。""一我可杀，而继我不可尽杀！"他这种视死如归的牺牲精神，正如他为这次起义设计的革命军旗"青天白日旗"，永远辉映，代表革命党人再接再厉，必底于成的信心和决心。这面旗帜，也就是中国国民党党旗的由来。孙中山称誉陆皓东为"中国有史以来为共和革命而牺牲者之第一人"。

起义事败后，清廷派人四出严搜举事党人，广东地方政府以一千两花红银悬赏缉拿孙中山。重阳节当晚，孙中山稍事化妆，偕一友人巧妙躲过清兵的巡查，逃出广州，经唐家湾走避澳门，九月十二日（10月29日）抵香港，翌日晨即匆匆偕陈少白、郑士良等人东渡日本，转赴檀香山。

从此，孙中山流亡异乡，开始了职业革命家的生涯。

1

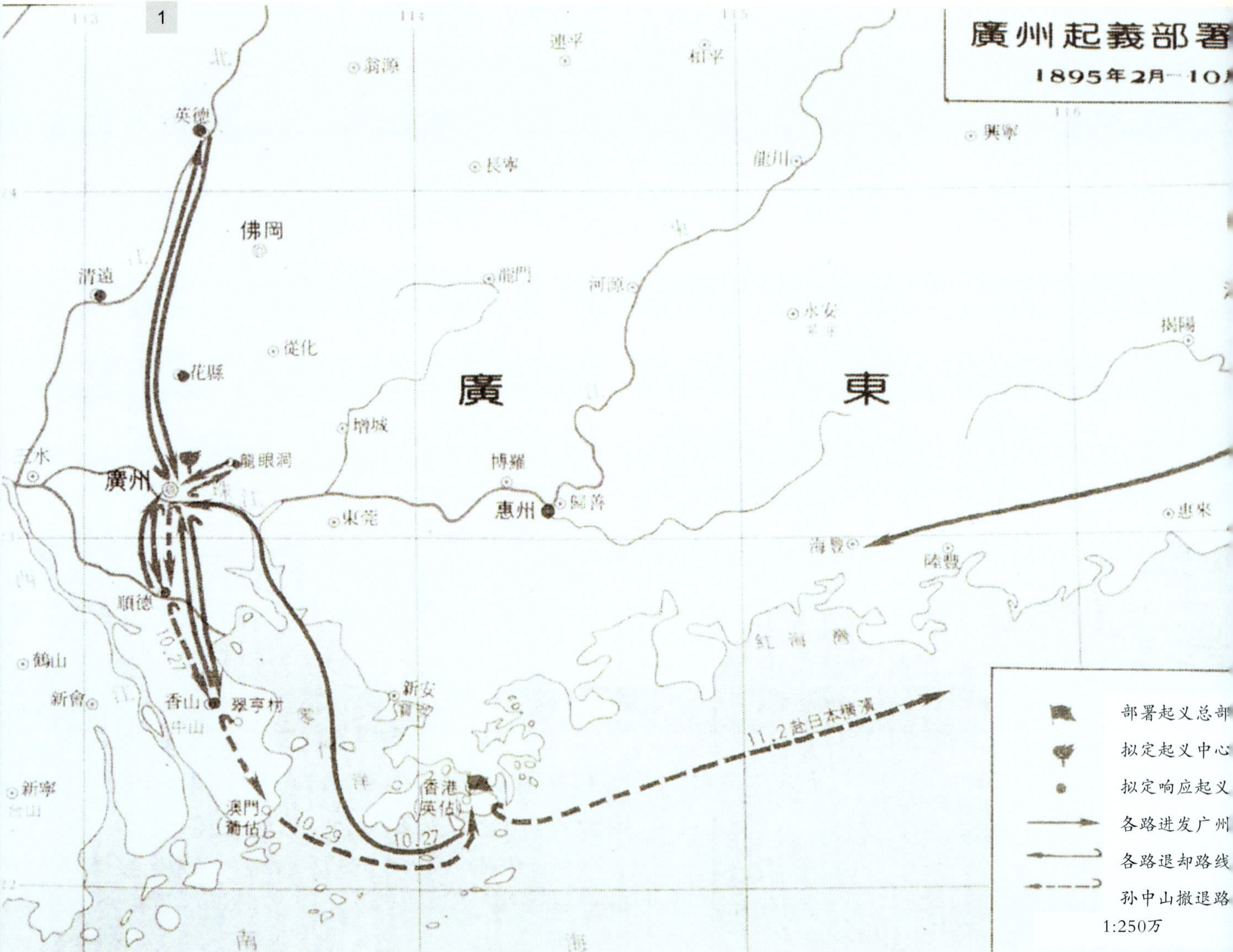

一、推翻帝制立雄心，海外革命点烽火

3

2

4

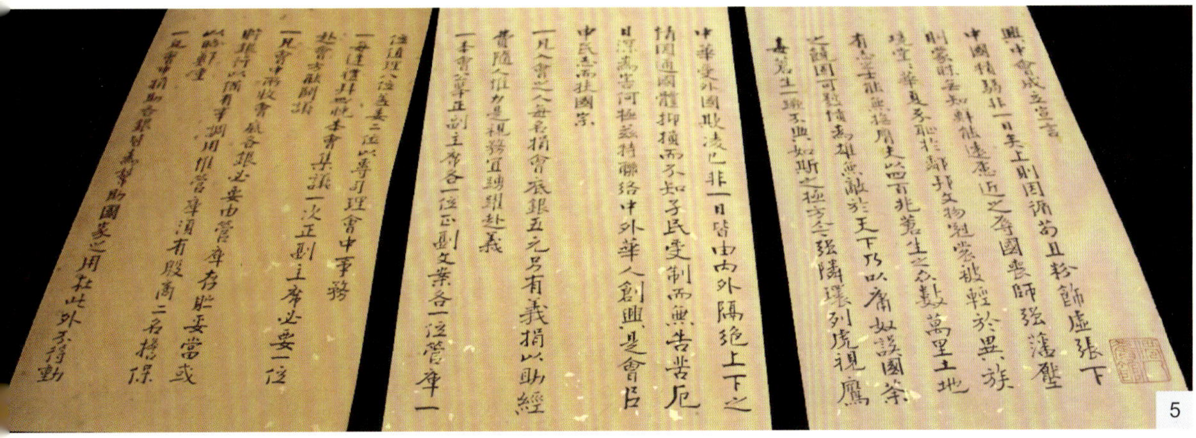

興中會成立宣言

5

1. 孙眉（1854—1915）在檀香山茂宜岛（Maui）的住宅，被称为革命的策源地。
2. 孙中山长兄孙眉，是最早的兴中会会员之一。
3. 1894年11月24日，孙中山在檀香山组建中国最早的革命团体兴中会。图中房屋为首批会员宣誓处，是华侨李昌的私宅。
4. 1895年2月，香港兴中会总会以“乾亨行”商号为掩护进行活动。图为“乾亨行”旧址。
5. 藏于台北国父纪念馆的孙中山亲笔书写的《兴中会成立宣言》手稿。

（四）广州起义虽失败，流亡海外重奋斗

1895年，经过半年多的策划，终于决定在粤俗重九（农历九月初九重阳节，阳历10月26日）扫墓之日起义，以袭取广州为革命根据地，不幸事泄，党人陆皓东等多人被捕殉难。陆皓东在殉难之前，慷慨供称：“务求惊醒黄魂，光复汉族。”“一我可杀，而继我不可尽杀！”他这种视死如归的牺牲精神，正如他为这次起义设计的革命军旗“青天白日旗”，永远辉映，代表革命党人再接再厉，必底于成的信心和决心。这面旗帜，也就是中国国民党党旗的由来。孙中山称誉陆皓东为“中国有史以来为共和革命而牺牲者之第一人”。

起义事败后，清廷派人四出严搜举事党人，广东地方政府以一千两花红银悬赏缉拿孙中山。重阳节当晚，孙中山稍事化妆，偕一友人巧妙躲过清兵的巡查，逃出广州，经唐家湾走避澳门，九月十二日（10月29日）抵香港，翌日晨即匆匆偕陈少白、郑士良等人东渡日本，转赴檀香山。

从此，孙中山流亡异乡，开始了职业革命家的生涯。

1

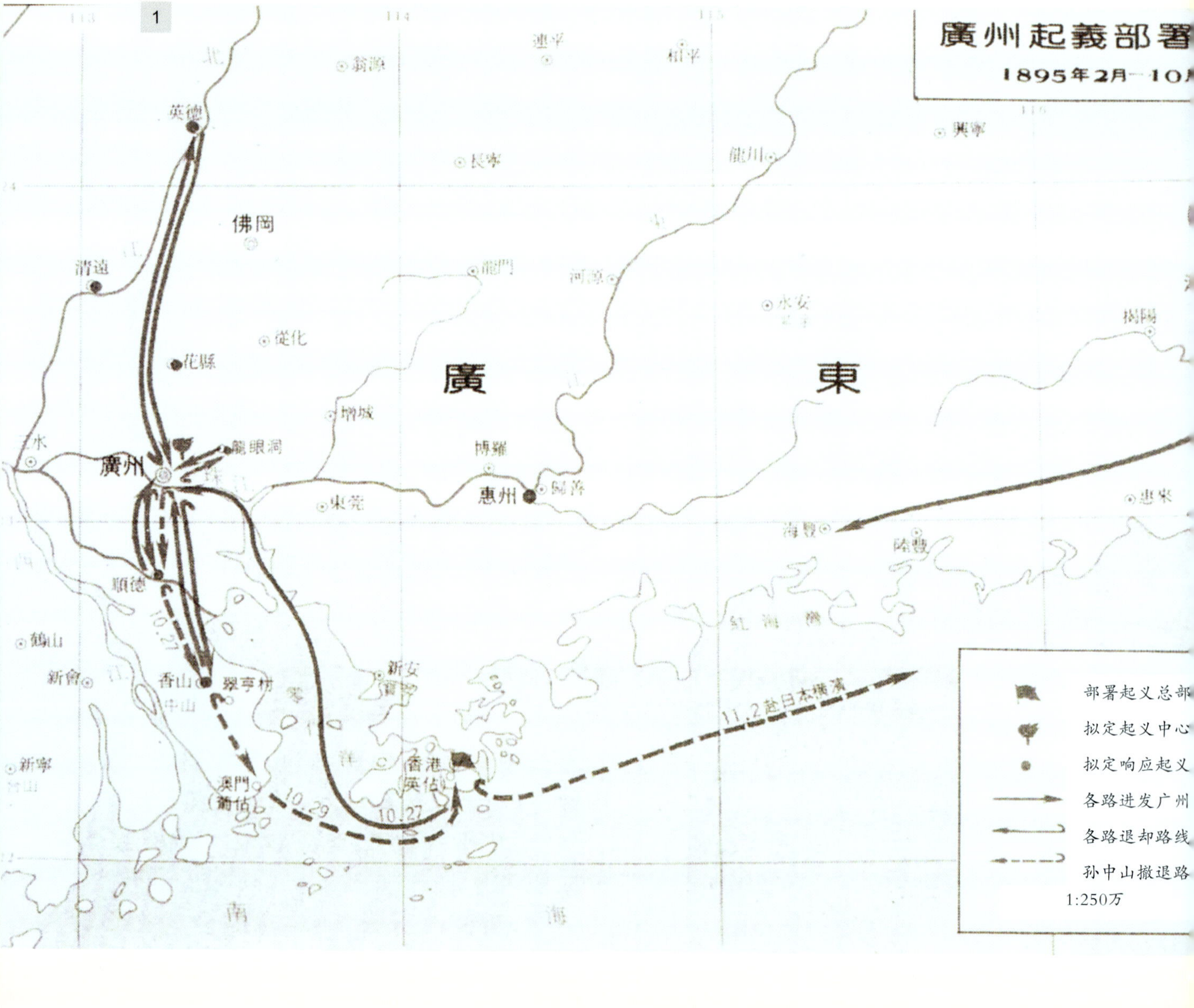

一、推翻帝制立雄心，海外革命点烽火

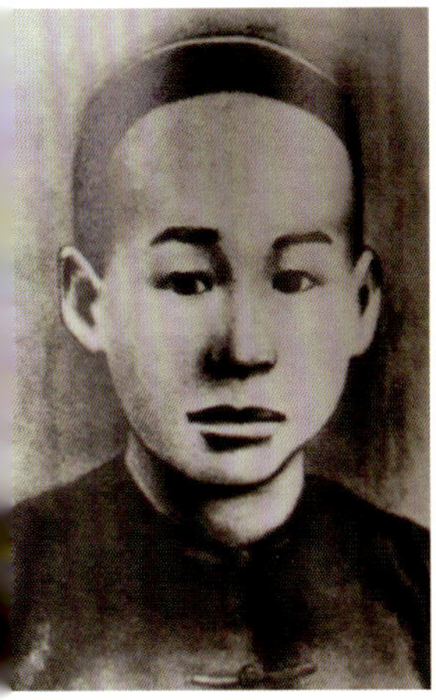

3

1. 1895年，乙未广州起义，孙中山坐镇广州指挥。图为广州起义部署形势图。
2. 由于组织不周，起义事泄，广州清军大肆搜捕革命党人和查封革命党机关，起义领导人香山籍的陆皓东英勇牺牲。图为陆皓东（1868—1895）。
3. 1895年春，孙中山、陆皓东等在广州筹划发动起义。3月16日，兴中会在香港开会，决定以由陆皓东设计、孙中山手绘的“青天白日旗”作为革命军旗。
4. 孙中山说：“青天白日，示光明正照自由平等之意。青天白日，取象宏美，中国为远东大国，日出东方，为恒星之最者。天日之旗，则为汉族共和党人用之南方起义者十余年，自乙未年陆皓东身殉此旗后，如黄冈、防城、镇南关、河口，最近如民国纪元前二年（1910年），广东新军之反正，倪映典（1885—1910）等流血，前一年（1911年）广东城 之起义，七十二人之流血，皆以此旗。”见1912年1月12日《复参议会论国旗函》。图为由陆皓东亲自设计的青天白日旗草稿。

（五）海外筹款结义士，革命全靠华侨胞

广州起义失败后，在此后多年的海外流亡生涯中，孙中山多次前往亚洲、欧洲、美洲各国宣传革命，策划起义，同时考察各个先进国家的社会和政治。

1896年9月底，孙中山抵达英国伦敦，不幸遭人诱骗被幽禁于清廷驻英公使馆十多天，赖康德黎（James Canflie 1851—1926）等友人与爱国同胞们的营救，始恢复自由，其后留在伦敦七个多月，每天到大英博物院图书馆潜心研究，细察当时欧洲的政治风俗，完成了三民主义的体系。

孙中山认为最要紧的，还是筹措革命经费和争取国际关系。于是，孙中山环游美欧、东南亚各地，历访华侨聚居各处，开拓革命阵地，号召留学生与华侨同胞加盟革命，组织革命团体。

孙中山所抱持的民族、民权、民生三大主义的革命思想，以及他精博的学问，崇高的人格，豁达的襟怀，革命的精神，感动了无数具有良知的知识青年与爱国侨胞。在多年的海外流亡生涯中，孙中山及其追随者的革命活动包括发动武装起义、成立革命组织及发行革命报刊等，主要都是在海外华侨同胞的财政支持下进行的。华侨资助的款额，占革命派全部经费来源的75%。正因为如此，孙中山一直视华侨为其革命的最大支持者，他屡次称

一、推翻帝制立雄心，海外革命点烽火

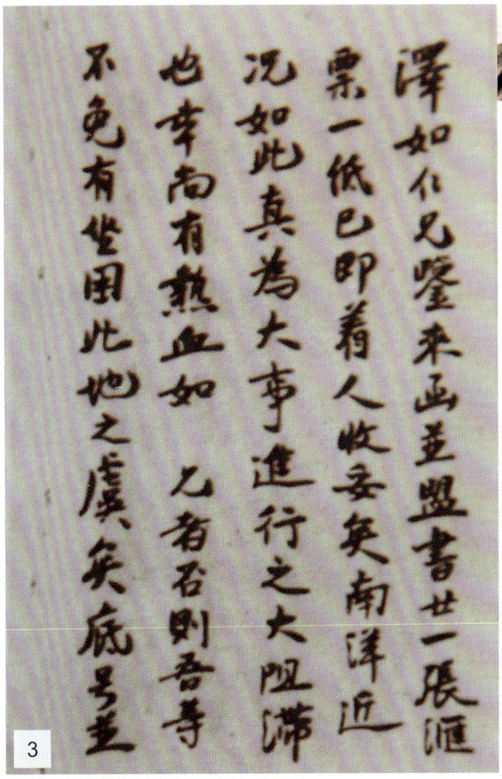

3

澤如仁兄鑒來函並盟書廿一張匯
票一紙已即着人收妥矣南洋近
況如此真為大事進行之大阻滯
也幸尚有熱血如 乙者否則吾等
不免有坐困此地之虞矣底昌並

1. 1911年3月，孙中山在芝加哥（Chicago）与同盟会同志合影。

2. 1906年春，孙中山在新加坡同盟会分会成立时与会员合影于晚晴园(现为孙中山南洋纪念馆)。

3. 海外革命期间，南洋华侨邓泽如(1869—1934)接到的孙中山告急信，立即汇款接济。这是孙中山收到汇票之后回复邓泽如的信中的一段话，语气非常感慨。

4. 孙中山在海外向华侨筹款时所用的筹款券。原件藏台北中国国民党中央党部。

1

1895 年—1911 年華僑資助革命黨人組織發動武裝起義主要情況表

革命黨人組織發動的武裝起義	資助款項	捐獻或籌募地點
1895 年廣州起義	6000 美元	檀香山
1900 年惠州起義	20000 港元	香港
1907 年至 1908 年粵、桂、滇邊六次武裝起義	（數十萬港元）	安南、緬甸、新加坡、馬來亞、吉隆坡、巴黎等地
1910 年廣州新軍起義	9000 港元	紐約、芝加哥、波士頓、舊金山
1911 年黃花崗起義	187636 港元	庇能、芙蓉、怡保、泗水、八打威、文島、暹羅、安南、域多利、溫哥華、滿得科、舊金山、檀香山、紐約、芝加哥

2

3

4

一、推翻帝制立雄心，海外革命点烽火

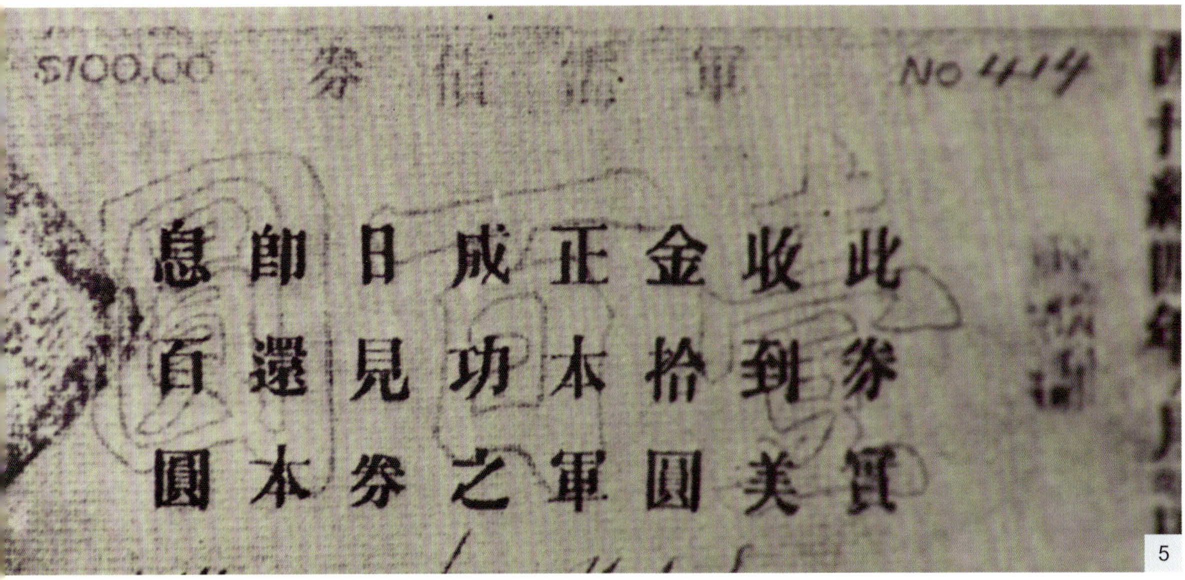
$100.00 軍需債券 No 414

此券實收到美金拾圓正本軍成功之日見券即還本息百圓

5

7

1. 1910年春，孙中山在美国底特律市（Defroif）成立同盟会分会时与分会部分会员合影。
2. 图为1895—1911年华侨资助革命党人组织发动武装起义主要情况表。
3. 1897年秋，孙中山34岁时在日本横滨与日本友人合影。
4. 1906年春，孙中山在比利时布鲁塞尔（Brussells）与中国留学生合影。
5. 孙中山奔走海外，为革命军筹饷，艰难万状，由图片及真迹，可见一斑。筹饷活动都靠华侨。孙中山在檀香山印制革命军需债券，分为实收一元及十元券两种，票面面额则为十元及一百元，待革命成功之日，十倍偿还本息。图为实收十元的军需债券。
6. 1911年2月，孙中山在加拿大卡技利埠（Calgary）与侨胞合影。
7. 1908年1月，孙中山与黄兴等在越南河内合影。

（六）反帝团结同盟会，三民主义建中华

1905年7月，孙中山在日本和东京的留学生广泛接触，商讨组织革命。大家都觉得必须有联络各方人才、团结力量，统一行动步骤，革命才易成功，因此决定组织一个革命团体。于是中国同盟会便应运而生了。

在1905年7月30日，召开筹备会，参加者七十余人。在孙中山主持下，订立誓词："驱除鞑虏，恢复中华，创立民国，平均地权。"其中"平均地权"的主张，可说是民生主义最初以崭新的形态出现，已经完全表达出三民主义的完整体系。正式成立大会在8月20日举行，当天加盟的有三百多人，会中先通过章程三十条，并随即由黄兴提议公举孙中山为总理，全体一致赞成；庶务部长由黄兴担任，实际地位仅次于总理。

同盟会是全国知识青年和爱国志士的大集合，成立以后，会员人数急速增加，直到1906年，国内各省加盟人数超过万人，声势浩大，孙中山当时兴奋地写信告诉南洋的同志："中国前途诚有望矣！"从此，他自信革命大业必能及身而成，于是定立中华民国的国号，向同志公布，使他们各回本身，鼓吹革命，传播中华民国建国思想。

为了促使更多人觉醒和投入革命，1905年11月26日，同盟会机关报《民报》在东京正式出版发行。孙中山在《民报·发刊词》中，进一步明确阐述了同盟会的十六字纲领，响亮地提出了"民族"、"民权"、"民生"三大主义的革命号召，树起三民主义的革命旗帜。三民主义，是孙中山从世界的递嬗变易和中国革命面临的社会实际中得来的。

1

一、推翻帝制立雄心，海外革命点烽火

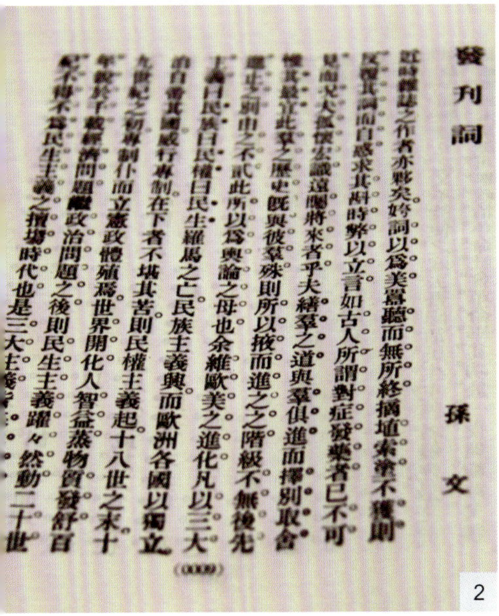

發刊詞　孫文

近時雜誌之作者亦夥矣姱詞以為美嚣聽而無所終摘埴索塗不獲則反覆其詞而自惑求其斟時弊以立言如古人所謂對症發藥者已不可見而況夫孤懷宏識遠矚將來者乎夫繕羣之道與羣俱進而擇別取舍惟其最宜此羣之歷史既與彼羣殊則所以掖而進之之階級不無後先進止之別由之不貳此所以為輿論之母也余維歐美之進化凡以三大主義曰民族曰民權曰民生羅馬之亡民族主義興而歐洲各國以獨立洎自帝其國威行專制在下者不堪其苦則民權主義起十八世之末十九世紀之初專制仆而立憲政體殖焉世界開化人智益蒸物質發舒百年銳於千載經濟問題繼政治問題之後則民生主義躍々然動二十世紀不得不為民生主義之擅場時代也是三大主

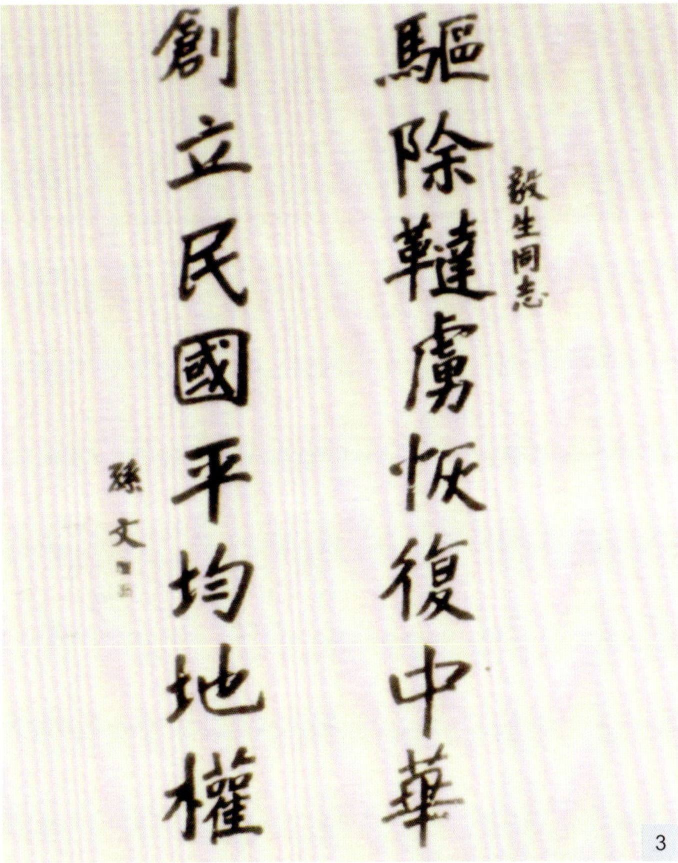

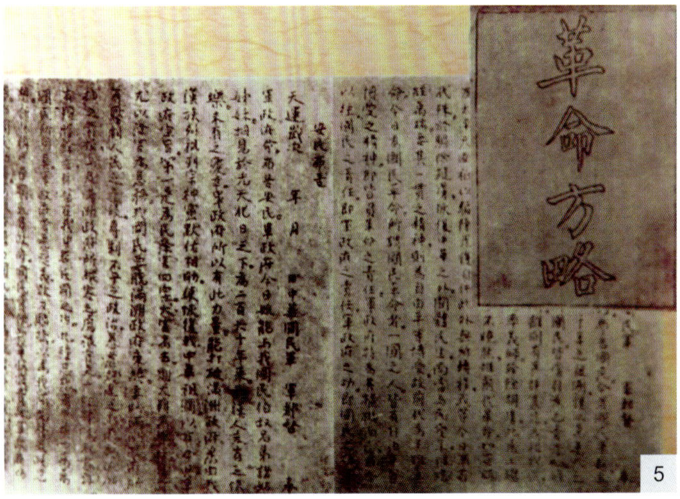

1. 1905年，中国同盟会在日本成立。

2. 同盟会机关报《民报》（1905—1910）的《发刊词》油印本（部分），孙中山首次完整地提出“三民主义”的思想。原件藏台北国父纪念馆。

3. 孙中山亲笔书写同盟会十六字政治纲领。原件藏台北国父纪念馆。

4. 同盟会香港分会经常集会的德辅道“致发号”（四楼）原址。

5. 孙中山手订同盟会《革命方略》油印本封面。

（七）心系台湾点火种，反清反帝起义火

孙中山虽然被迫长年流亡海外，但他仍然时刻关注着已沦为日本殖民地的台湾的前途和台胞们的命运，并拟以台湾作为反清斗争的据点。孙中山曾两度派人赴台宣传革命思想，建立组织，并亲自来台指挥国内的革命起义。

1897年，时为兴中会会员的陈少白向孙中山建议到台湾联络台胞，发展兴中会的分会。于是，陈少白到台湾联系杨心如、吴文秀等人，以杨心如的住宅为会所，成立了兴中会台湾分会，会员5至6人。虽然人数较少，但这是革命党人首次在台湾建立革命据点，把革命思想的种子播散到了台湾。台湾兴中会的成立，为革命活动在台的开展，积累了必要的群众基础，更为后来1900年孙中山来台指挥起义开拓了道路。

1905年8月，孙中山建立了同盟会。孙中山后来把同盟会“驱除鞑虏，恢复中华，创立民国，平均地权”十六字政治纲领，阐释为以“民族、民权、民生”为内容的“三民主义”。“三民主义”的提出，给台湾的光复事业指明了斗争方向。

1909年，孙中山指派同盟会会员王兆培到台湾活动，发展组织。在王兆培的影响下，台南籍的翁俊明宣誓入会，成为台湾第一位中国同盟会会员。同年9月，同盟会任命翁俊明为交通委员，并负责台湾事务，同时宣告中国同盟会台湾分会的成立。台湾同盟会分会的成立，进一步增强了台湾同胞争取回归祖国的信心与决心，激励着广大台湾民众与大陆人民同生死、共患难，为摆脱日本帝国主义的殖民统治而不懈奋斗。其成员一度发展至

1

一、推翻帝制立雄心，海外革命点烽火

2

3

4

5

1. 兴中会台湾分会活动区域（今台北市贵德街）。在日治时代，贵德街称作“港町”，为大稻埕地区重要街道之一。
2. 1897年11月，陈少白到台湾，成立了兴中会台湾分会。台湾正式纳入了国民革命的一环。图为陈少白。
3. 王兆培（1890—1989），福建漳浦人，同盟会会员。1909年，王兆培赴台，到总督府医学校习医，暗中联络革命同志。1910年，王兆培奉命创建同盟会台湾分会，两年内发展会员71人。图为王兆培。
4. 1897年11月，图为与陈少白共同策划成立兴中会台湾分会的台湾联络人香山籍的杨心如（1868—1946）。
5. 孙中山在台宣讲革命，策划起义图。

（八）前赴后继为革命，流血牺牲染黄沙

孙中山自从组织兴中会起，就一直致力反清武装起义。虽然皆以失败告终，但初衷不改。同盟会成立后，和兴中会时期相比较则“更是充满了武装起义的事迹”。他在1907年至1911年的4年中，连续不断地组织了8次武装起义。同盟会在东京仅仅成立一个多月时间，孙中山就于1905年10月7日离开日本前往越南、新加坡等地，发展同盟会组织，并筹划在中国的华南地区发动武装起义。

到辛亥革命爆发前，孙中山一共领导了10次武装起义。历次武装起义，虽然都被清廷残酷地镇压下去，却给腐败透顶的清政府以沉重的打击，促进人民的觉醒，激励起群众的持续争斗。

一、推翻帝制立雄心，海外革命点烽火

3

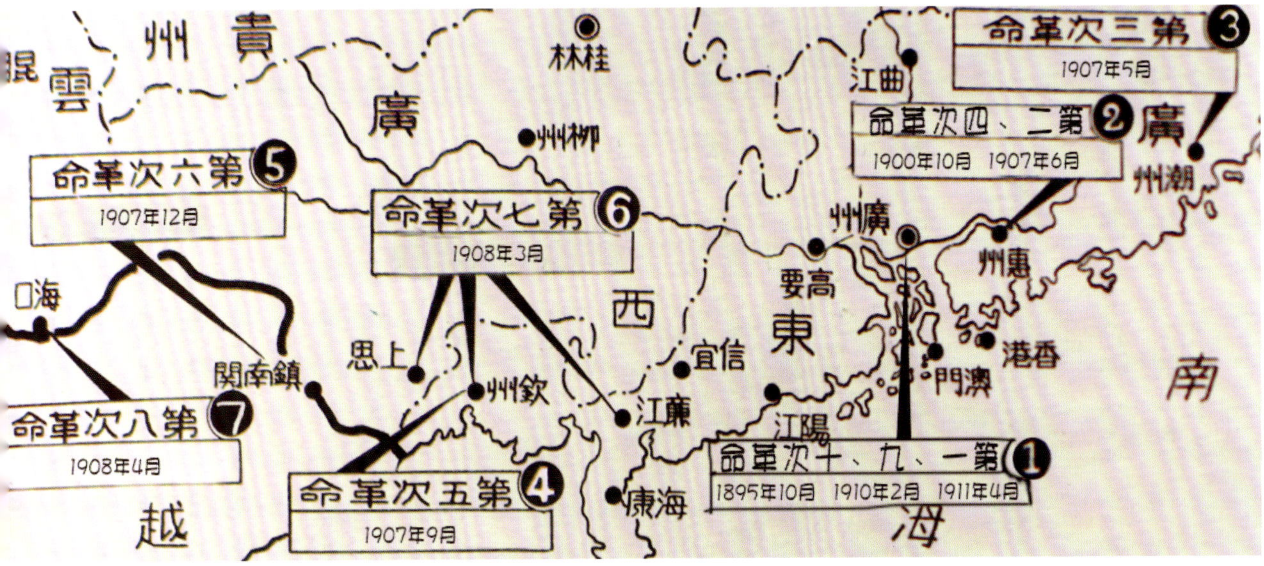

1. 1907年12月，镇南关之役中孙中山、黄兴亲冒炮火指挥激励将士图。
2. 1911年4月，革命军进攻两广总督署图。
3. 1911年，广州起义军经一昼夜激战，终因寡不敌众失败，是役死难者86人（其中战死57人，被捕后牺牲29人）。图为被捕的部分起义者。
4. 图为1907年4月，同盟会领导的潮州黄冈起义誓师出发时的情景。
5. 孙中山领导的辛亥革命前的十次起义地点示意图。

①广州起义	1895年10月	⑥镇南关起义	1907年12月
②惠州三洲田起义	1900年10月	⑦钦廉上思起义	1908年3月
③潮州黄冈起义	1907年5月	⑧河口起义	1908年4月
④惠州七女湖起义	1907年6月	⑨广州新军起义	1910年2月
⑤钦廉防城起义	1907年9月		

（九）碧血黄花悲歌颂，武昌起义建民国

同盟会领导的历次武装起义中，最重要、影响最大的是1911年4月27日（农历三月二十九日）的广州起义，也就是为后世所称颂与铭记的黄花岗起义。广州的“三月二十九日之役”中革命力量损失惨重，大量的革命志士被清廷残忍地弃尸荒野。但孙中山并不害怕失败，相反却是愈挫愈奋。

孙中山对这次起义给予了高度评价。孙中山曾说：这次战役“碧血横飞，浩气四塞，草木为之含悲，风云因之变色，全国久蛰之人心，乃大兴奋，怨愤所积，如怒涛排壑，不可遏抑，不半载而武昌之大革命以成。则斯役之价值，直可惊天地，泣鬼神，与武昌革命之役并寿”。

广州的黄花岗起义，无愧为辛亥革命的先导。至此，革命浪潮汹涌澎湃，不断扩大的保路运动，益发把反清爱国的革命斗争推向高潮。同年10月，武昌起义的枪声终于打响，革命斗争达到了前所未有的高潮。革命党人与人民群众的呼号，如怒不可遏的风暴席卷全国。他们的呼号，在神州大地得到了热烈的回响，本已摇摇欲坠的清朝政府迅速土崩瓦解，腐朽的清朝，终于到了末日。革命党人的长期战斗和人民群众的英勇奋起，结出了丰硕的成果。

在这关键的时刻，孙中山从美国经欧洲返回祖国。12月下旬，他抵达上海，作为一致公认的、享有崇高威望的革命元勋，孙中山理所当然地被各省代表推举为即将诞生的共和国的首任临时大总统。

1912年1月1日，孙中山在南京就任中华民国临时大总统。此时的孙中山更加关注台湾的命运，他向各界宣称：“中国如不能收复台湾，即无法立于大地之上。”这坚定的话语充分表达了孙中山收复台湾的决心。

一、推翻帝制立雄心，海外革命点烽火

2

3

4

1. 1911年4月27日，孙中山领导下的广州武装起义失败，骨干会员牺牲百余人。同盟会会员潘达微（1881—1929）冒死收殓烈士遗骸72具，丛葬于红花岗后将此地改名为“黄花岗”，黄花即菊花，象征节烈。
2. 广州黄花岗七十二烈士陵园，孙中山手书“浩气长存”牌坊。
3. 广州黄花岗七十二烈士陵园现景。
4. 1911年10月11日，武昌起义成功，革命党人在武昌成立湖北军政府，辛亥革命取得阶段性胜利。
5. 1912年1月1日，孙中山在南京宣誓就任中华民国临时大总统，宣告中华民国临时政府成立。图为孙中山在就职典礼上的情景（绘画）。

參觀時間
星期二~星期日
上午9:00~11:30
下午2:00~ 4:30
國父史蹟館
Dr. Sun Yat-sen
Memorial House

二、三渡台湾播火种，统一大业建中华

孙中山时刻关注着已沦为日本殖民地的台湾的前途和台胞的命运。台湾一直是中华民族不可分割的重要组成部分。孙中山一直强烈要求驱赶日帝，还我中华，并发动台胞反帝反清起义。

在1900、1913、1918年的艰苦岁月里，孙中山三次到台湾，和台湾人民结下不解之缘，留下了弥足珍贵的革命足迹。他在台湾民众心中传播了统一中华、反帝反清的思想，并播下了建国大业的三民主义思想火种。

1925年3月12日上午，孙中山在弥留之际还念念不忘，连喊："团结！奋斗！救中国。"

"革命尚未成功，同志仍须努力！"

"必须唤起民众，及联合世界上以平等待我之民族，共同奋斗！"

他统一中华的精神，至今仍响彻全球中国人的耳际，激荡着五洲四海，长久不息。

（一）惠州起义燃烽火，孙中山首渡台湾

1900年，义和团运动如火如荼。8月，八国联军攻陷北京，清帝、慈禧太后仓促出走，整个中国处于激烈动荡之中。孙中山认为机不可失，遂决定发动第二次起义。9月，孙中山化名吴仲，自神户乘“台南丸”号轮经马关到台湾。这是孙中山首次来台湾。日本驻台湾总督儿玉源太郎在台迎接孙中山，并承诺给予武器援助。孙中山到达台北后，在台北新起町设立指挥所，以此为基地策划惠州起义。孙中山命令郑士良入惠州，召集同志，以谋发动起义，而命令史坚如入广州，以谋响应，准备采取惠州起义，广州响应，然后会师广州，攻下羊城的起义方略。孙中山自己就待起义发动时，设法从台湾潜入内地亲自指挥。

惠州起义时，孙中山坐镇台北指挥，依靠电报和革命志士兴中会会员杨心如、郑士良、邓子瑜等人传递信息。起义军与清军足足激战了42天。此时，日本内阁总理大臣伊藤博文重新上台，严禁台湾对孙中山的一切资助，结果惠州起义因军需后继无援而失败。孙中山在台停留了44天后，乘“横滨丸”号轮自基隆转赴日本。惠州起义虽然失败了，但孙中山和兴中会在海内外的影响进一步扩大，孙中山的义举博得了越来越多的包括台湾民众在内的国民的同情和支持，唤醒了台胞的救国民主意识，革命的种子开始在宝岛台湾茁壮成长。

随后，革命的火种持续四处点燃，在短短十几年间，孙中山掀起了一浪接一浪的革命起义浪潮，孙中山与革命党人的长期英勇奋斗，愈挫愈奋的精神，最终成就了辛亥革命。

二、三渡台湾播火种，统一大业建中华

孙中山时刻关注着已沦为日本殖民地的台湾的前途和台胞的命运。台湾一直是中华民族不可分割的重要组成部分。孙中山一直强烈要求驱赶日帝，还我中华，并发动台胞反帝反清起义。

在1900、1913、1918年的艰苦岁月里，孙中山三次到台湾，和台湾人民结下不解之缘，留下了弥足珍贵的革命足迹。他在台湾民众心中传播了统一中华、反帝反清的思想，并播下了建国大业的三民主义思想火种。

1925年3月12日上午，孙中山在弥留之际还念念不忘，连喊："团结！奋斗！救中国。"

"革命尚未成功，同志仍须努力！"

"必须唤起民众，及联合世界上以平等待我之民族，共同奋斗！"

他统一中华的精神，至今仍响彻全球中国人的耳际，激荡着五洲四海，长久不息。

（一）惠州起义燃烽火，孙中山首渡台湾

1900年，义和团运动如火如荼。8月，八国联军攻陷北京，清帝、慈禧太后仓促出走，整个中国处于激烈动荡之中。孙中山认为机不可失，遂决定发动第二次起义。9月，孙中山化名吴仲，自神户乘“台南丸”号轮经马关到台湾。这是孙中山首次来台湾。日本驻台湾总督儿玉源太郎在台迎接孙中山，并承诺给予武器援助。孙中山到达台北后，在台北新起町设立指挥所，以此为基地策划惠州起义。孙中山命令郑士良入惠州，召集同志，以谋发动起义，而命令史坚如入广州，以谋响应，准备采取惠州起义，广州响应，然后会师广州，攻下羊城的起义方略。孙中山自己就待起义发动时，设法从台湾潜入内地亲自指挥。

惠州起义时，孙中山坐镇台北指挥，依靠电报和革命志士兴中会会员杨心如、郑士良、邓子瑜等人传递信息。起义军与清军足足激战了42天。此时，日本内阁总理大臣伊藤博文重新上台，严禁台湾对孙中山的一切资助，结果惠州起义因军需后继无援而失败。孙中山在台停留了44天后，乘“横滨丸”号轮自基隆转赴日本。惠州起义虽然失败了，但孙中山和兴中会在海内外的影响进一步扩大，孙中山的义举博得了越来越多的包括台湾民众在内的国民的同情和支持，唤醒了台胞的救国民主意识，革命的种子开始在宝岛台湾茁壮成长。

随后，革命的火种持续四处点燃，在短短十几年间，孙中山掀起了一浪接一浪的革命起义浪潮，孙中山与革命党人的长期英勇奋斗，愈挫愈奋的精神，最终成就了辛亥革命。

二、三渡台湾播火种，统一大业建中华

2

3

4

5

6

1. 1900年，惠州起义的主要起义地点惠州三洲田村，起义时被清军焚毁，后来重建。原图摄于1936年。
2. 1900年，惠州起义时，孙中山在台北新起町设立指挥所。当时的新起町，在若竹町北方，今西门町一部分，含万华汉中街，中华路西门红楼附近，即今天的长沙街。此图为1975年所摄，指挥所的位置大约在图上白线范围内。
3. 郑士良（1863—1901）是孙中山博济医院的同学，也是最早的革命同志之一，1900年惠州起义的主要指挥与参与者。
4. 邓子瑜（1878—1925），惠州博罗县人。1900年，郑士良于惠州起义时，是得力的干将之一。失败后逃亡新加坡。1906年，孙中山领导陈楚楠、张永福组成同盟会分会时，邓子瑜是最初加盟的十几个同志之一。以后一直追随孙中山。
5. 1901年1月，美国《展望》（Look）杂志记者林奇（G.Lynch）赴日访晤孙中山，座谈惠州起义情况的合影。
6. 1900年，为响应惠州起义，在广州谋划炸两港总督德寿（?—1903）未成被捕成仁的史坚如烈士（1878—1900），是年仅22岁。孙中山称他为“为共和革命而殉难之第二健将”。

（二）讨袁护国维共和，孙中山二渡台湾

1913年，孙中山第二次来台湾。辛亥革命胜利后，革命果实却为袁世凯所篡夺。1913年3月20日，袁世凯派人在上海暗杀国民党代理理事长宋教仁，并企图复辟帝制。如此举动，引起了各省革命党人对他的讨伐。但因实力悬殊，讨袁起义都以失败告终。“二次革命”失败后，为了寻求新的革命力量，孙中山拟到海外拓展革命势力。1913年8月4日，孙中山与胡汉民搭“抚顺丸”号秘密到台湾，5日抵达，下榻于台北御成町梅屋敷，并书写“博爱”二字赠给店主。他在此接见了在台老同盟会的一些会员如翁俊明、杨心如、罗福星等人，指示他们继续开展革命斗争。由于日本殖民当局惧怕孙中山深入宣传革命思想，进一步唤醒台湾民众的民族意识，因而采取名为热忱接待实为警备森严封锁其与台胞直接见面的方法，使孙中山的革命活动受到极大限制。孙中山只得短暂停

二、三渡台湾播火种，统一大业建中华

2

3

4

5

1. 1913年，孙中山第二次抵达台湾时所住的“梅屋敷”。1987年，在其原址北方约五十公尺处，利用原来材料复原重建而成，取名为国父史迹纪念馆。“梅屋敷”成为孙中山在台湾革命历程的永久纪念地。

2. 1913年，48岁的孙中山。

3. 袁世凯窃取国家政权后，梦想建立封建专制独裁统治。1923年3月20日，袁世凯派人在上海暗杀国民党代理理事长宋教仁，袁世凯企图消灭国民党、复辟帝制的阴谋大白于天下。图为被刺身亡的宋教仁。

4. 宋教仁（1882—1913）被刺杀后，孙中山主张立即讨袁。1913年3月25日，孙中山自日本回抵上海，即与黄兴（1874—1916）、陈其美（1878—1916）、居正（1876—1951）、戴传贤以及日籍同志等，商讨应付时局办法。此照片为孙中山回上海后所摄，同志们均佩有白花，面色凝重，且与黄兴并坐，当为悼念宋教仁时摄。

5. 翁俊明（1893—1943），生于台湾台南，是台湾的第一位同盟会会员，并成为同盟会台湾分会的负责人。1913年，孙中山第二次到台时，接见的老同盟会会员之一。

1

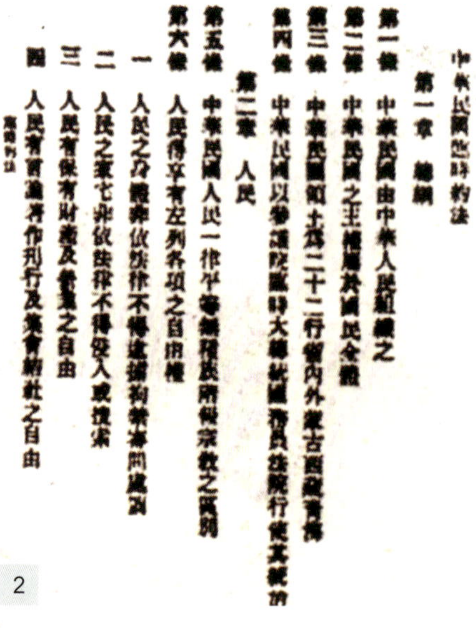

中华民国临时约法

第一章 总纲

第一条 中华民国由中华人民组织之

第二条 中华民国之主权属于国民全体

第三条 中华民国领土为二十二行省内外蒙古西藏青海

第四条 中华民国以参议院临时大总统国务员法院行使其统治

第二章 人民

第五条 中华民国人民一律平等无种族阶级宗教之区别

第六条 人民得享有左列各项之自由权

一 人民之身体非依法律不得逮捕拘禁审问处罚

二 人民之家宅非依法律不得侵入或搜索

三 人民有保有财产及营业之自由

四 人民有言论著作刊行及集会结社之自由

2

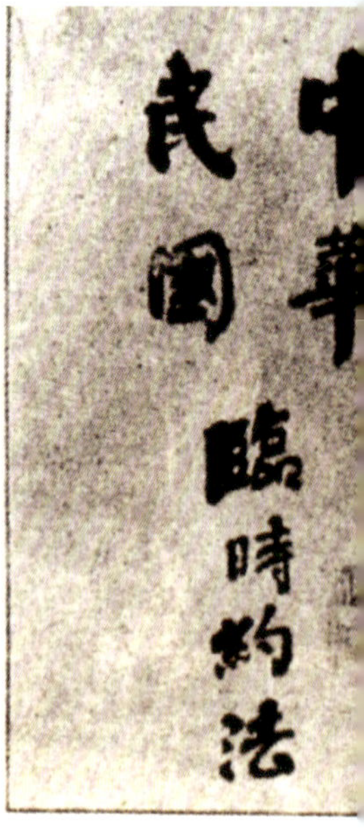

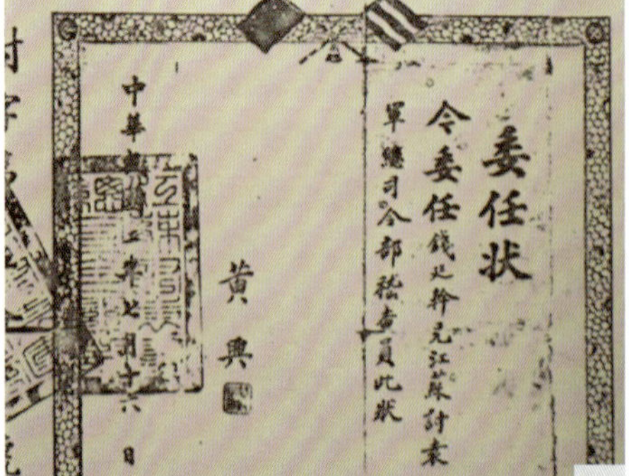

3

4

5

6

7

1. 1912年3月10日，袁世凯在北京宣誓就任中华民国临时大总统后和他的僚属在外务部合影。
2. 由《临时政府组织大纲》改订而成的《中华民国临时约法》（局部），是近代中国的第一部宪法，也是中华民国初年的政争重心所在。
3. 黄兴入南京，就任江苏讨袁军总司令。此图为黄兴所发的军官委任状与军人符号。原件藏台北中国国民党中央党部。
4. 1945年，台湾光复后，梅屋敷旅社改为国父史迹纪念馆。
5. 梅屋敷孙中山手书“博爱”横幅。
6. 梅屋敷内部关于孙中山史迹的展览。
7. 一心一德抵艰难，把革命事业从头做起。此图为孙中山于1913年12月所题“一心一德抵艰难”的亲笔手稿，鼓励各位革命同志继续为未竟的讨袁革命而努力。原件藏台北国父史迹纪念馆。

（三）讨逆护法唤民族，孙中山三渡台湾

孙中山第三次赴台是在1918年。袁世凯死后，北洋军开始分裂，整个中国出现了军阀割据的局面。军阀割据局面形成后，大小军阀各霸一方，连年战争，给人民带来空前的灾难。段祺瑞再次执政后，拒绝恢复《临时约法》和召开国会。为对抗北京段祺瑞政权，孙中山在广州建立护法军政府，展开护法运动。因国会擅自改组中华民国军政府，西南军阀滇系唐继尧、桂系陆荣廷等人无意北伐，孙中山愤而辞去军政府大元帅职务离开广州，护法运动宣告失败。1918年6月6日，孙中山携胡汉民、戴季陶等人从汕头乘"草丸"号途经台湾，前往日本，并于次日下午抵达基隆。在启程去日本前夕，他得知台湾人民自辛亥革命以来革命情绪高涨，回归祖国的呼声越来越强，因此，他准备前往台湾，和台湾同胞见面并宣传他的爱国主义、革命主张和统一思想，以唤醒台湾人民的民族意识。

由于日本殖民当局害怕孙中山宣传革命思想和爱国主义精神，唤起台胞抗日救国斗志，蛮横无理地拒绝了孙中山上岸的请求。孙中山看到近在咫尺的祖国领土却不能上岸，心情十分沉重，只得在基隆港作短暂停留后并于次日转赴日本。孙中山与台湾人民失之交臂，他怀着对台湾骨肉同胞的深情厚意，遗憾地离开了基隆港，给台湾同胞留下无尽遗憾。

1

二、三渡台湾播火种，统一大业建中华

2

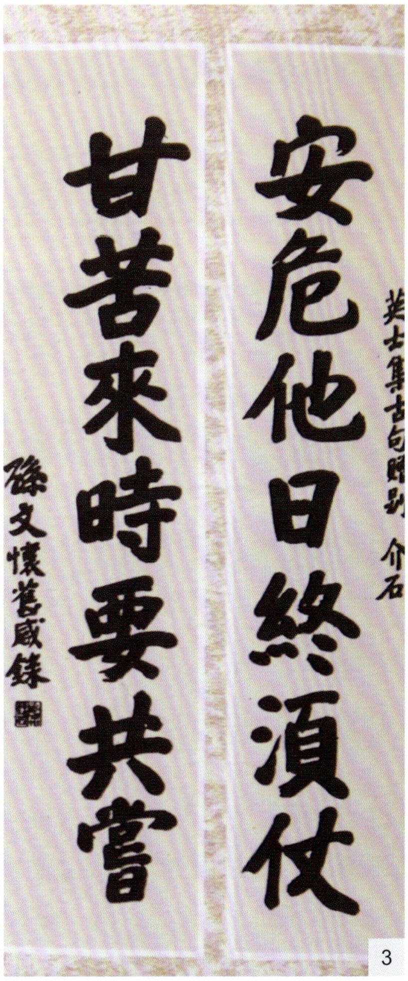

3

4

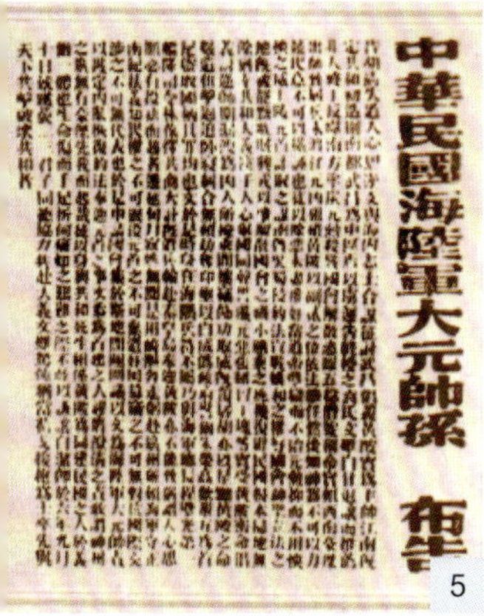

中華民國海陸軍大元帥孫 布告

5

6

1. 段祺瑞（1865—1936）的卫队残忍杀害抗议示威的民众和学生。

2. 全副武装的段祺瑞。

3. 孙中山书赠蒋介石的联语，特署“怀旧感录”，颇具深意。原件藏台北国父纪念馆。

4. 1917年，孙中山就任海陆军大元帅的戎装照。

5. 孙中山就任海陆军大元帅后，对全国民众的公告，动员全国人民一起维护来之不易的共和体制。

6. 1915年5月25日，北洋军阀政府与日本签订卖国条约“二十一条”时，中日双方代表的合影。

1

2

3

4

二、三渡台湾播火种，统一大业建中华

5

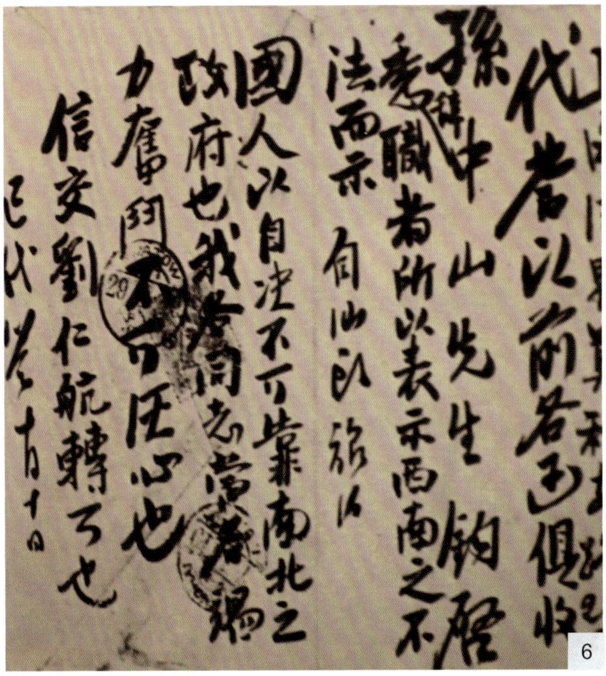

者以前各函俱收
孫中山先生
辭職者所以表示西南之不
法而示
國人以自決不可靠南北之
政府也我各同志當各竭
力奮鬥不可灰心也
信交劉仁航轉可也

6

7

1. 1917年，广州军政府外景。
2. 滇系军阀首领唐继尧（1883—1927）。
3. 桂系军阀首领陆荣廷（1859—1928）。
4. 1918年5月，由于军阀和政客的排挤，孙中山辞去军政府大元帅职。5月21日，孙中山离广州过梅县时，与胡汉民等游松口铜盘谢氏爱春楼。
5. 1918年6月，孙中山辞去大元帅职务后到上海时的留影。在上海，孙中山开始从事著述，探索新的救国道路。
6. 孙中山抵达上海后，各方纷纷函问，对于孙中山辞职都极为关注。此为当时信函之一，孙中山先生批曰“辞职者，所以表示西南之不法”、“各同志当各竭力奋斗，不可灰心”。
7. 1918年，孙中山第三次抵台时，在“信浓丸”号上的留影。

（四）台湾义士志气扬，追随中山志不渝

孙中山每一次到台湾，都给日本铁蹄下的台湾同胞以巨大的鼓舞和力量。在孙中山革命实践、理论演说和人格魅力的影响下，台湾民众抗日救国意识日益觉醒。辛亥革命的胜利，更激发了台湾民众的革命斗志，一批台湾同胞毅然回到祖国大陆，参与孙中山领导的革命斗争。台胞雾峰的林祖密把变卖的全部家产献给了孙中山的革命事业，他本人回到大陆加入中华革命党，投身祖国革命的洪流中，曾任国民革命军闽南军司令，后任大元帅参军、孙中山侍从武官和大本营参议。在北伐战争中，却不幸在闽南被军阀孙传芳的部下所杀害。而更多的台胞，在以孙中山为首的革命党人的直接影响和指导下，把台湾的抗日斗争推向前所未有的高潮。自1912年至1915年，台湾同胞先后在南投、嘉义、台中、台南、苗栗和台北等地，发动了多起反抗日本殖民统治的武装起义。其中最具有意义的是1913年，罗福星领导的“苗栗事件”。而规模最大的是1915年，余清芳领导的“噍吧哖事件”又名“西来庵事件”。

1915年，孙中山第二次赴台，正值同盟会会员、曾参与广州黄花冈起义的台湾苗栗县大湖乡人罗福星，发动反抗日本殖民统治、维护祖国统一的苗栗大起义之时，孙中山给苗栗起义以极大的支持和指导。但由于泄密，起义未发动就遭到日本人的侦破，株连1211人。罗福星（1886—1914）不幸受伤被捕，在慷慨就义前，神色不变，从容高歌，留下了大义凛然的“自白书”，其中有四句藏头诗：“孙真国手著光唐，逸乐风神人既章。仙客早贬灵妙药，救人于病身相当。”每句第一字合成“孙逸仙救”，表现了革命党人追随孙中山至死不渝的爱国热情。

1895年日军侵占台湾时，台湾台南人余清芳曾参加抗日斗争。1915年，余清芳以台南附近的西来庵为据点，秘密建立组织，准备武装起义。当时日本帝国主义正强迫袁世凯卖国政府接受灭亡中国的“二十一条”，并强占青岛和胶州湾，在孙中山的支持及领导下，全国人民的反日高潮迭起。余清芳见时机成熟，发动起义，与日军血战七昼夜，最终失败。“西来庵事件”是当时台湾民众反抗日本殖民统治参加人数最多、范围最广、规模最大的一次起义。“西来庵事件”失败后，台湾民众竟遭到日军野蛮的屠杀，老少妇孺皆不能幸免，死事者，达三万之众，是台湾近代史上最惨烈的一页。经历了“西来庵事件”的大屠杀之后，愈加激发了台胞的反日爱国热情。

虽然在大屠杀后，台湾革命党人无力再事武装抗日，但革命党人坚持孙中山的民族、民权、民生的精神与理念，在蒋渭水、杜聪明、林献堂等人领导与筹划下，组织起“文化协会”、“台湾民众党”、“工友联合会”等多个民间组织，以为台湾民众争取民主自由的非暴力反抗运动的形式，仍然坚持在政治文化思想阵线上与日本帝国主义作不懈对抗。

2

3

任命狀

大元帥府參議 此狀

中華民國海陸軍大元帥 孫文

4

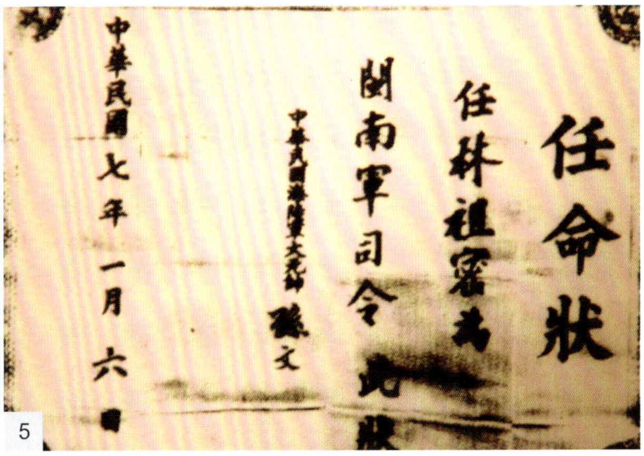

任命狀

任林祖密為

閩南軍司令 此狀

中華民國海陸軍大元帥 孫文

中華民國七年一月六日

5

1. 台湾岛内从1918年至30年代中期，掀起了非暴力的政治抗争运动，以合法手段争取日据下合理待遇为目的的台湾议会设置请愿活动，自1921年到1934年，共进行了15次，但最后以失败告终。图为请愿者在东京受到台湾留学生的热烈欢迎。
2. 台湾台中雾峰林家的林祖密（1878—1925），名资铿，字季商。曾捐献数十万银元为军饷，建立起一支革命军，参加讨袁护法战争。1919年1月，孙中山委任他为陆军闽南军司令。
3. 林薇阁，台湾台中林家族人。辛亥革命时期，曾参加1903年林森在上海组织的旅沪福建同学会革命小团体活动，1905年转为同盟会会员，1910年慨捐3000日元作为支持林觉民等人在广州黄花岗起义的经费。日据时期，还积极支持台湾民众反帝反封建的民工革命。
4. 护法军政府时期所发的任命状。原件藏台北国父纪念馆。
5. 林祖密的“闽南军司令”任命状。原件藏台北国父纪念馆。

孙真国手著光唐
逸乐风神人既章
仙客早贶灵妙药
救人于病身相当
——罗福星

1

2

3

4

7

5

6

8

1. 罗福星（1886—1914），出生于南洋爪哇，原居住在广东，客家人，母亲为印尼葡萄牙裔人。中国同盟会会员，曾随先人居住台湾苗栗，与党人黄兴、胡汉民过从甚密。受孙中山精神感召曾从南洋赶回广州参加“三二九”起义。辛亥革命成功后，回到台湾继续领导当地的抗日民族运动。
2. 1913年，罗福星在苗栗发动起义，发表以“赶走日本，恢复台湾”为宗旨的《大革命宣言》。起义事泄，被日本殖民当局残忍镇压。图为受伤不幸被捕时的罗福星。
3. 台湾民众为义士罗福星所立的塑像。
4. 余清芳（1879—1915），台湾台南人，“西来庵事件”主要领导人。1915年3月，在西来庵集会，组成台湾抗日革命军，举旗抗日，遭到日本殖民当局的通缉。8月，因人告密被捕，9月，被日军在台南监狱处以绞刑。
5. 余清芳在西来庵举事，宣称当年日军将撤退，中国军队会渡海来台。图为西来庵旧址。
6. 余清芳在1915年8月被捕后，日警押队游行示众。
7. 台湾民众为纪念抗日烈士余清芳所立的纪念碑，位于台南县玉井乡虎头山山顶。
8. 被余清芳起义军夷平的南庄派出所。

1

2

3

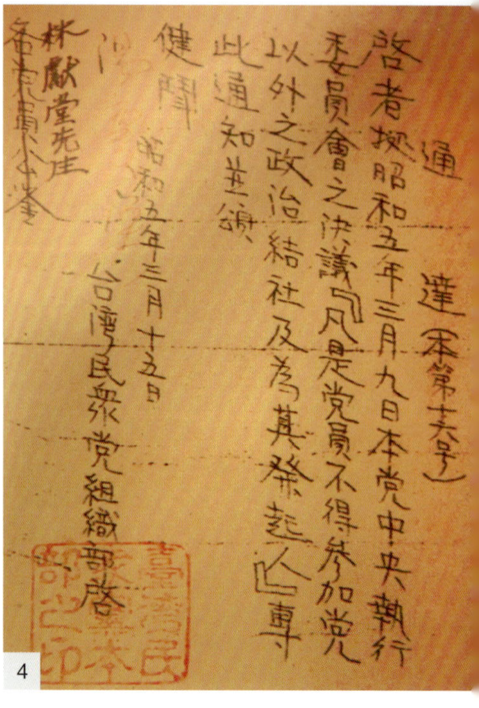
通　達（本第十六号）
啓者據昭和五年三月九日本党中央執行委員會之決議，凡是党員不得参加党以外之政治結社及為其発起人，専此通知並頌
健闘
昭和五年三月十五日
台湾民衆党組織部啓
林獻堂先生

4

二、三渡台湾播火种，统一大业建中华

5

6

1. 1921年10月，由林献堂、蒋渭水发起，推戴林献堂为总理的“台湾文化协会”成立。该组织在坚持斗争的10余年间，通过举办文化演讲会和各种讲座，在台湾各地展开反对日本同化和弘扬中华民族文化的文化启蒙运动，影响深远。图为该组织总理林献堂。
2. 杜聪明，字思牧，1893年出生于淡水百六戛农家，1915年负笈日本，考进京都帝国大学医学部，研究内科学。他在医学校求学时，热心于革命事业，曾亲赴北京，试图谋刺袁世凯，为民除害。在日据时期，积极投身到多个台湾民间组织争取民主自由的非暴力反抗运动中。图为杜聪明。
3. 台湾反日民族解放运动的代表人物蔡培火（1889—1983）。
4. 日据时期，台湾民众党的文件真迹。原件藏台北中国国民党中央党部。
5. 连横（1877—1936年），台南人，原名允斌，号雅堂，一生致力于在日据下的台湾搜集、整理祖国历史文化遗产，为祖国的统一，为在日据下的台湾保存和弘扬祖国的历史、文化，传承民族精神，做出了巨大贡献，著有《台湾通史》。图为连横（右一）与家人的合影（左一为连横的长子连震东）。
6. 1913年7月，蒋渭水（1891—1931）（后排左四）、杜聪明（1893—1986）（前排左三）、翁俊明（前排左二）与一批台湾医学校及台湾国语学校学生，密谋毒杀袁世凯，特于壮行前在台北新公园狮子咖啡屋合影。

1

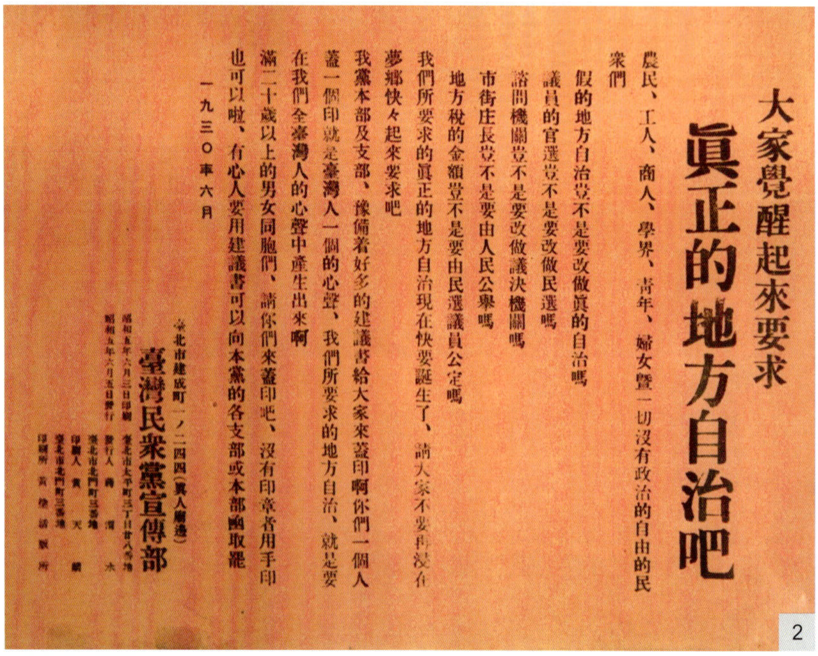

大家覺醒起來要求

眞正的地方自治吧

農民、工人、商人、學界、青年、婦女暨一切沒有政治的自由的民衆們

假的地方自治豈不是要改做眞的自治嗎

議員的官選豈不是要改做民選嗎

諮問機關豈不是要改做議決機關嗎

市街庄長豈不是要由人民公擧嗎

地方稅的金額豈不是要由民選議員公定嗎

我們所要求的眞正的地方自治現在快要誕生了、請大家不要再浸在夢鄉快々起來要求吧

我黨本部及支部、豫備着好多的建議書給大家來蓋印啊你們一個人蓋一個印就是臺灣人一個的心聲、我們所要求的地方自治、就是要在我們全臺灣人的心聲中產生出來啊

滿二十歲以上的男女同胞們、請你們來蓋印吧、沒有印章者用手印也可以啦、有心人要用建議書可以向本黨的各支部或本部函取罷

一九三〇年六月

臺北市建成町一ノ二四四（眞人廟邊）

臺灣民衆黨宣傳部

昭和五年六月三日印刷　昭和五年六月五日發行

2

3

二、三渡台湾播火种，统一大业建中华

4

5

1. 台湾文化协会第一届理事会成员合影。前排左三蒋渭水（专务理事），前排左四林献堂（1881—1956，总理），后排左一蔡培火。
2. 日据时期，台湾民众党的宣传单张。原件藏台北国父纪念馆。
3. 蒋渭水，被誉为“台湾的孙中山”，台湾宜兰市人，台湾文化协会与台湾民众党的创立者，被视为最重要的抗日领袖之一。蒋渭水秉持不妥协的民族精神，为台湾同胞争取自由，与日本占领政府当局持续抗争，生平受日警检束拘留10余次。
4. 1928年元旦午后，台北木工工友会在台北蓬莱阁餐厅举行的同盟罢工得胜祝捷大会并摄影留念。顾问蒋渭水在会中报告工友会一年运动的经过与成果。
5. 1931年2月21日，蒋渭水领导的台湾民众党被强制解散而遭捕的干部被释放后在党本部的最后留影。

（五）受邀北上谋统一，孙中山途经台湾

1924年，国共两党在孙中山的亲自促成下，实现了第一次合作，结成了革命统一战线。国民大革命运动在孙中山的领导与指挥下，在广东乃至全国进行得如火如荼，随着全国革命运动的形势不断高涨，军阀内部发生了重大的分化。10月，直系爱国将领冯玉祥发动北京政变，导致直系政府垮台。冯玉祥电请孙中山到北京商讨和主持解决时局问题。为了彻底推翻北洋军阀的反动统治，实现全国的和平统一，孙中山不顾个人安危，毅然决定北上，并在《北上宣言》中重申了反对军阀及援助军阀的帝国主义的主张。

1924年11月13日，孙中山接受冯玉祥北上共谋南北统一的邀请，在宋庆龄陪同下，抱病北上。孙中山从广州登船，途中在台湾停留。11月15日途经基隆，但旋即北上，并没有上岸。这是孙中山最后一次途经台湾。他取道日本，继续北上。11月24日，孙中山抵达日本神户。11月28日，孙中山在对神户各团体欢迎宴会中讲演，题目是《日本应助中国废除不平等条约》，孙中山认为中国要和平统一，首先就要废除不平等条约，因为中国一日不安宁，中国之不发达，不统一，实为此种条约的束缚之故。孙中山强烈要求废除中日之间所缔结的一切不平等条约，使台湾和高丽最小限度获得自治。

1

二、三渡台湾播火种，统一大业建中华

2

3

4

5

6

1. 孙中山领导的北伐军在行军中。
2. 冯玉祥（1882—1948），民国时期著名军阀、军事家、爱国将领、著名民主人士。1924年，发动“北京政变”后，电邀孙中山北上，商讨统一全国局势事宜。但迫于形势，未等到孙中山的到来就被逼与北洋军阀妥协而下野。
3. 1924年，孙中山取道北上，抵达日本神户时的留影。
4. 孙中山与宋庆龄在北上途经台湾的船上的留影。
5. 1924年，孙中山北上，途经台湾转往日本。11月28日，孙中山在对神户各团体欢迎宴会中讲演《日本应助中国废除不平等条约》，强烈要求废除袁世凯签订的“二十一条”。
6. 指挥北伐时的蒋介石（1887—1975）。

（六）出师未捷噩耗传，台湾民众悼伟人

1924年12月初，孙中山抵达天津，当晚肝癌病发。12月底，孙中山扶病进京，受到10万群众的热烈欢迎。孙中山为革命事业耗尽了毕生的心血和精力。他在北京协和医院病榻上，仍心系台湾。

1925年3月12日，孙中山带着未酬的壮志在北京病逝。孙中山是伟大的民主革命先行者，他的逝世，举国同悲，中国人民都深切哀悼。当孙中山逝世的噩耗传到被日本占领达30年之久的台湾岛，引起台胞一片哀恸。《台湾民报》发表社论《哭望天涯吊伟人》说："西望中原，我们禁不住泪流满面了。"该刊不惧日本统治当局之忌，公开表露出中国人悲从中来的真情。

台湾的各民众团体也不惧日本警察的干扰，于1925年3月24日冒雨召开了规模盛大的追悼会。追悼会上，民众团体的代表纷纷发表悼词以寄托对中山先生的哀思，情真意切地表达了台湾人民对孙中山的无限崇敬和爱戴。直到如今，孙中山在台湾民众心中的地位之高，台湾民众对伟人的崇敬之情，都是无可比拟的。宝岛台湾还是保存伟人资源与史迹最完整、最丰富的地区之一。

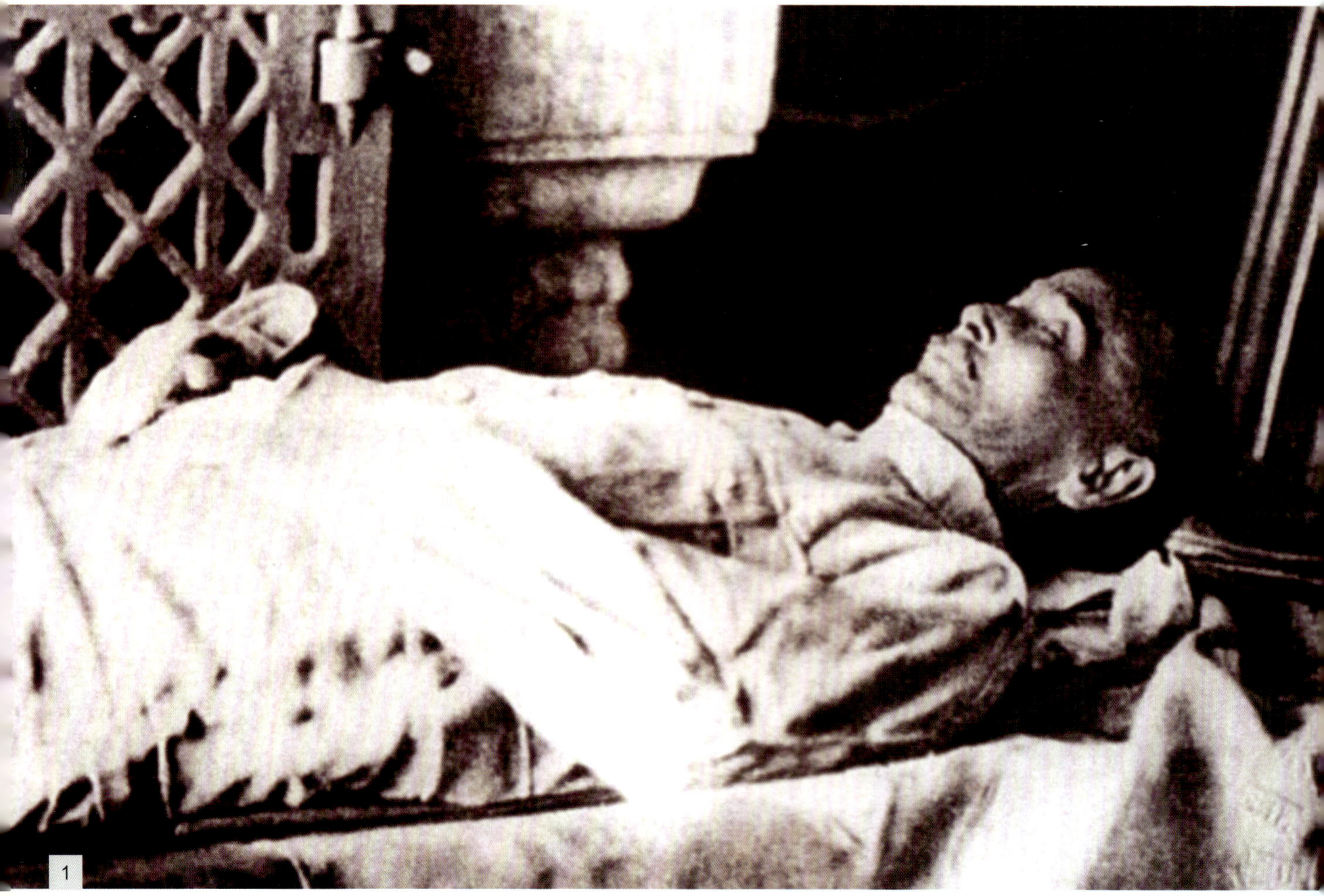

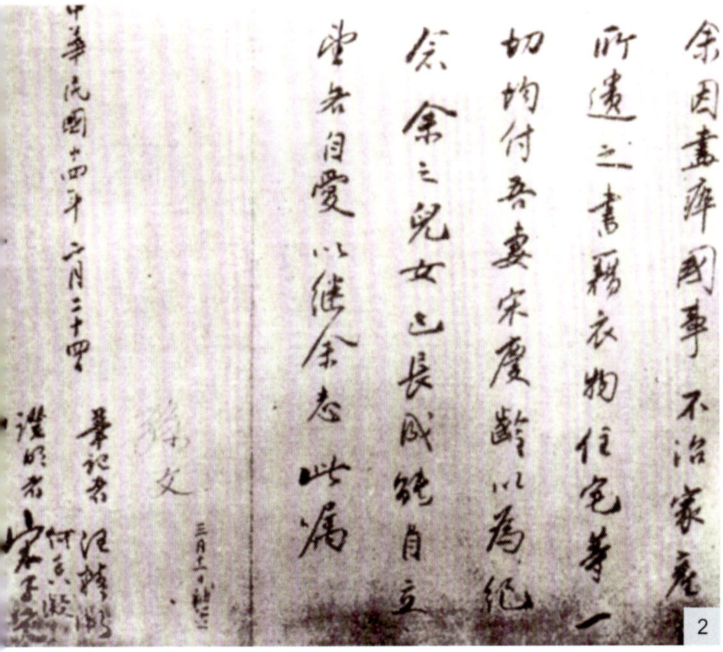

余因盡瘁國事不治家產
所遺之書籍衣物住宅等一
切均付吾妻宋慶齡以為紀
念余之兒女已長成能自立
望各自愛以繼余志此囑
孫文
中華民國十四年二月二十四日
筆記者 汪精衛
證明者 宋子文

2

3

4

1. 1925年3月12日，一代伟人、伟大的民主革命先行者孙中山带着事业未竟的遗憾，在北京逝世，享年59岁。

2. 孙中山手书的“家事遗嘱”。原件藏台北中国国民党中央党部。

3. 1925年4月2日，移灵奉厝于北京西山碧云寺。

4. 孙中山安厝北京西山碧云寺以及奉安南京紫金山后，碧云寺的灵堂仍在，两旁大书遗嘱“革命尚未成功，同志仍须努力”以励同志。

1

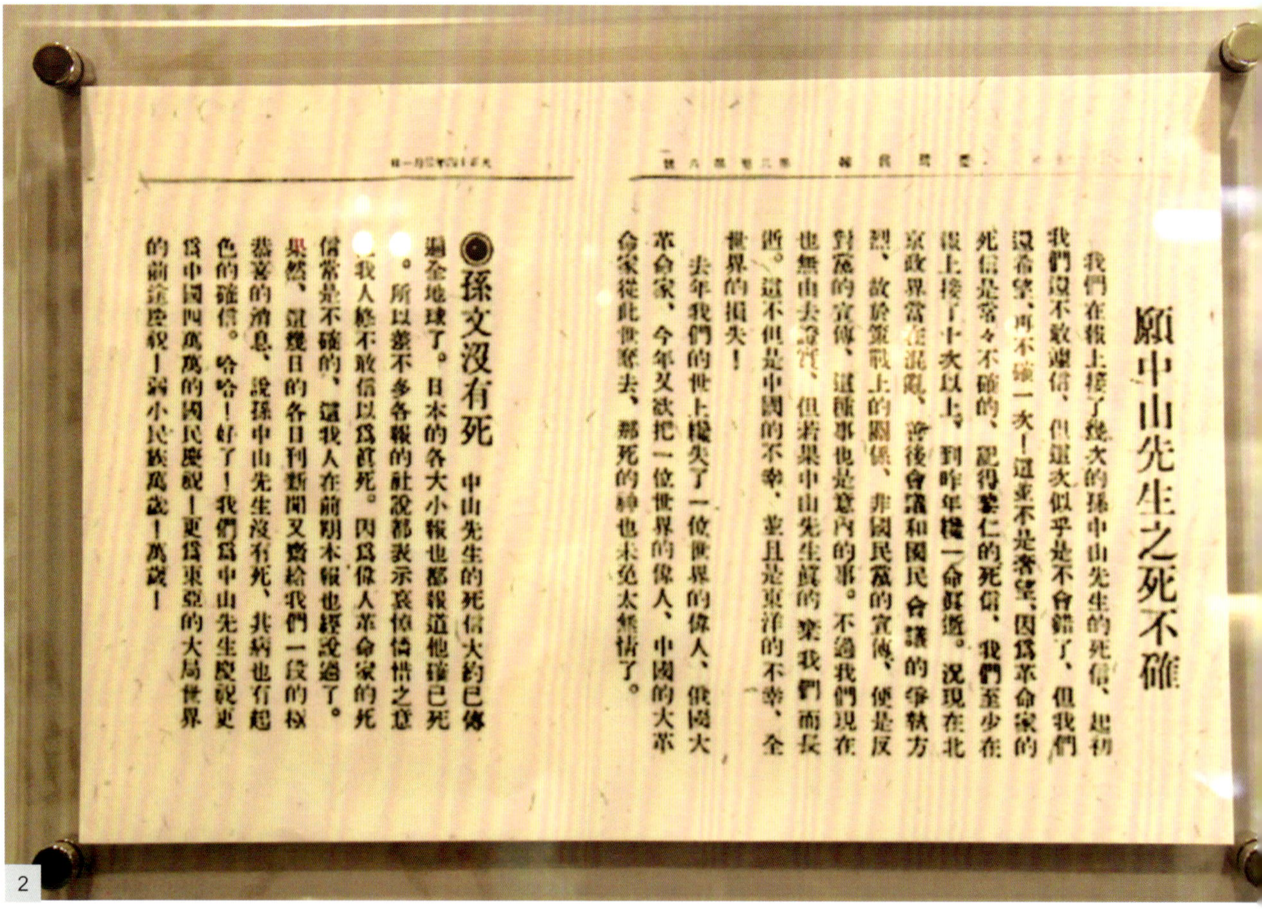

願中山先生之死不確

我們在報上接了幾次的孫中山先生的死信、起初我們沒不敢遽信、但這次似乎是不會錯了、但我們沒希望、再不確一次！這並不是奢望、因爲革命家的死信是常々不確的、記得黎仁的死信、我們至少在報上接了十次以上、到昨年纔一命嗚逝。況現在北京政界當在混亂、善後會議和國民會議的爭執方烈、故於黨戰上的關係、非國民黨的宣傳、便是反對黨的宣傳、這種事也是意內的事。不過我們現在也無由去證實、但若果中山先生眞的棄我們而長逝。這不但是中國的不幸、並且是東洋的不幸、全世界的損失！

去年我們的世上纔失了一位世界的偉人、俄國大革命家、今年又欲把一位世界的偉人、中國的大革命家從此世界去、那死的神也未免太無情了。

◎孫文沒有死　中山先生的死信大約已傳遍全地球了。日本的各大小報也都報道他確已死。所以差不多各報的社說都表示哀悼惋惜之意、我人總不敢信以爲眞死。因爲偉人革命家的死信常是不確的、這我人在前期本報也經說過了。果然、這幾日的各日刊新聞又齎給我們一段的极恭喜的消息、說孫中山先生沒有死、其病也有起色的確信。哈哈！好了！我們爲中山先生慶祝！更爲東亞的大局世界的前途慶祝！弱小民族萬歲！萬歲！

2

二、三渡台湾播火种，统一大业建中华

3

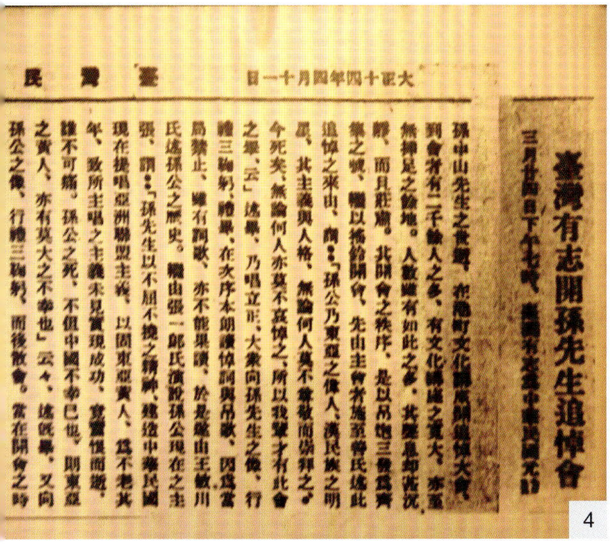

臺灣民 大正十四年四月十一日

臺灣有志開孫先生追悼會

三月廿四日下午七時，臺灣有志[illegible]

孫中山先生之逝世，在港町文化講座開追悼大會，到會者有二千餘人之多，有文化講座之寬大，亦蓋無插足之餘地。人數雖有如此之多，其靈是却沉沉靜，而且莊嚴。其開會之秩序，是以[illegible]三聲爲[illegible]鄉之嘆，繼以搖鈴開會，先由主會者施委員氏述此追悼之來由，曰：「孫公乃東亞之偉人，漢民族之明星，其主義與人格，無論何人莫不尊敬而崇拜之，今死矣，無論何人亦莫不哀悼之，所以我輩才有此會之舉」云，述畢，乃唱立正，大衆向孫先生之像，行禮三鞠躬，禮畢，在次序本朗讀悼詞與弔歌，因爲當局禁止，雖有詞歌，亦不能朗讀，於是繼由王敏川氏述孫公之履史，繼由張一郎氏演說孫公現在之主張，謂：「孫先生以不屈不撓之精神，建造中華民國現在提唱亞洲聯盟主義，以圖東亞黃人，爲不老其年，致所主唱之主義未見實現成功，竟憤而逝，誰不可痛。孫公之死，不但中國不幸已也，則東亞之黃人，亦有莫大之不幸也」云々，述既畢，又向孫公之像，行禮三鞠躬，而後散會。當在開會之時

4

5

1.台湾同胞关心孙中山的病情，当孙中山逝世的消息传出后，台湾同胞深感悲恸，虽然日本政府限制及禁止台同胞对其悼念，却无法阻止台湾同胞对孙中山的感念，纷纷举行追悼会。

2.《台湾民报》关于孙中山逝世的报道。

3.台北国父纪念馆孙中山碑林所立孙中山铜像。

4.《台湾民报》关于在台湾的孙中山追悼会的报道。原件藏台北国父纪念馆。

5.台北国父纪念馆孙中山史迹展览室，至今还珍藏着大量孙中山的亲笔手稿。

三、抗战救国万众心，国共合作驱倭寇

孙中山生前三次赴台，宣传革命思想，领导台湾人民开展革命斗争，决心使沦陷于日本铁蹄下的台湾早日回归祖国。孙中山的三民主义思想和革命实践，不仅唤醒了台湾人民抗日救国的民族、民主意识，而且激发了台湾人民的革命斗志，促进了台湾抗日斗争高潮的到来。

在1931年抗日战争开始，从东北沦陷、卢沟桥第一次枪声打响，中国人民不分东南西北，不分民族，一致抗日，保卫中华。中国共产党和国民党组成抗战队伍，共同抗日，从四面八方打击日寇，取得了一次又一次的伟大胜利，留下了可歌可泣的动人史诗。

台湾人民积极投身中国革命洪流，并与祖国大陆人民一道同日本帝国主义进行浴血奋战，在中华民族的历史上书写了海峡两岸人民为了祖国统一而共同战斗的光辉篇章，最终取得了中国近代史上反抗日本法西斯战争的胜利，取得了台湾回归祖国的伟大胜利。

（一）渡尽劫波泯恩仇，兄弟同心反倭寇

1931年9月18日夜10时20分，位于东北军第七旅驻地北大营西南方向柳条湖，一声爆炸声响揭开了日本侵吞中国东北以至全中国的序幕。由于国名党政府的对日妥协，东北三省全部落入日军之手。为了继续扩大侵略，1932年1月28日，日军突然袭击上海。驻守淞沪的国民党十九路军，在爱国将领蔡廷锴(1892—1968)、蒋光鼐(1888—1967)指挥下，奋勇抵抗，迫使日军三易主帅。上海人民踊跃支援十九路军。上海军民的抗战，使日军扩大侵略的阴谋一时难以得逞。东北的沦陷与十九路军等爱国将领的奋勇抗战，激发了中国民族主义运动的昂扬，各界民众、工人、知识分子等纷纷奋起，一场场轰轰烈烈的抗日救亡运动迅速兴起。随着1936年西安事变的和平解决、1937年卢沟桥第一次枪声的打响，全面抗战的号角在全国吹响，中国正式对日宣战。在中华民族面临危亡之际，国共两党摒弃了成见与争斗，在孙中山的“民族主义”精神的感召下，为了中华民族的救亡图存，再次走到一起，再度携手合作，结成了抗日民族统一战线。中国人民不分东南西北，不分民族，不分党派，团结起来，一致抗日，为保卫中华大地，为民族的生存而战。浓浓的硝烟与轰鸣的炮声在中国大地上持续了八年之久。国民党和中国共产党组成的抗战队伍，与全国人民一起，共同抗日，打击日寇，取得了一次又一次的伟大胜利，留下了平型关大捷、台儿庄大战、滇缅之战、百团大战等一篇篇可歌可泣的动人诗篇。

三、抗战救国万众心，国共合作驱倭寇

2

3

4

5

931年，根据不平等条约驻扎在中国东北的日本关东军制造了“九一八事变”。四个多月后，东北沦陷。图为横行在中
东北的日本兵。

九一八事变”后出现在奉天的抗日传单。

932年，在上海闸北驻防的十九路军对日本进攻奋起抵抗。

领奉天(今沈阳市)后，日军设立的关东军司令部。

本关东军在东北肆意捕杀普通中国民众。

1

2

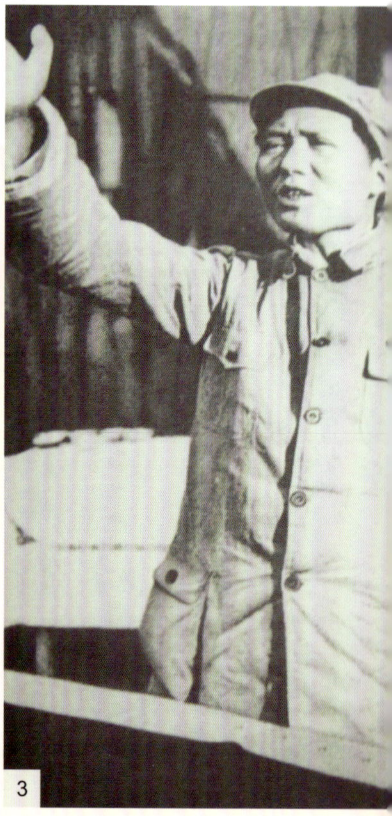
3

6

5

三、抗战救国万众心，国共合作驱倭寇

4

7

西北文化日報　中華民國二十五年十二月十三日

全國民衆迫切要求

爭取中華民族生存

張楊昨發動對蔣兵諫

通電全國發表救國主張八項

改組南京政府容納各黨各派

卅萬民衆歡騰鼓舞擁護民族解放運動

救亡領袖（張學良將軍）

救亡領袖（楊虎城將軍）

▲張楊等通電全國發表救國主張

8

百安事变后，东北军游行。

百安事变前夕的张学良（左）、杨虎城将军（右）。

寸任中共中央革命军事委员会主席的毛泽东（1893—1976）在延安发出“团结一致抗日”的号召。

936年12月12日，东北军将领张学良(1901—2001)和西北军将领杨虎城(1893—1949)在西安发动“兵谏”，逼蒋抗日。这就是震惊中外的西安事变。西安事变的和平解决成为扭转时局的关键，为第二次国共合作创造了重要条件。图为安全回到南京的蒋介石。

931年元旦，穿着戎装参加在南京举行的阅兵典礼时的少帅张学良。

‘九一八事变”后，全中国燃起爱国热情，青年学生反应尤为激烈。图为1934年南京各校学生群集国民党中央党部前抗议，要求国民党立刻对日宣战。

937年7月，周恩来(1898—1976)、蒋介石等在庐山就两党合作抗日问题进行谈判。

936年12月13日，《西北文化日报》发表张学良、杨虎城发动西安事变的报道。

1

2

3

三、抗战救国万众心，国共合作驱倭寇

4

6

7

5

8

民党十万将士开赴抗日前线。

一·二八”淞沪抗战期间，十九路军在闸北与敌人巷战情形。

晋元团长(1905—1941)率领八百壮士固守四行仓库，掩护国军在南京撤退。

国百姓惨遭日军屠杀，尸横遍野，惨不忍睹。

京沦陷后，国民政府移驻重庆。图为1939年5月11日重庆遭日机大轰炸后的街市残破景象。

937年7月7日，日军借口发动攻击，点燃全面侵华的战火。图为第二十九路军在卢沟桥上自卫。

军占领平津后，一路由晋东北向太原进犯。八路军第一一五师在平型关附近设伏，歼灭进犯日军。图为第一一五师的机枪阵地。

州会战中，中国军队攻入台儿庄，与敌巷战，取得台儿庄大捷。

1

2

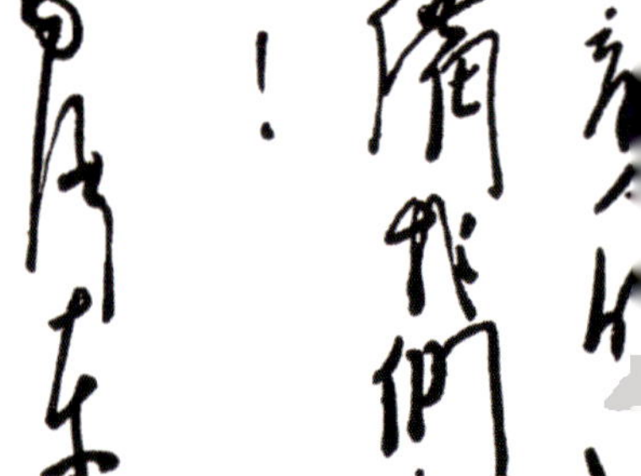

3

三、抗战救国万众心，国共合作驱倭寇

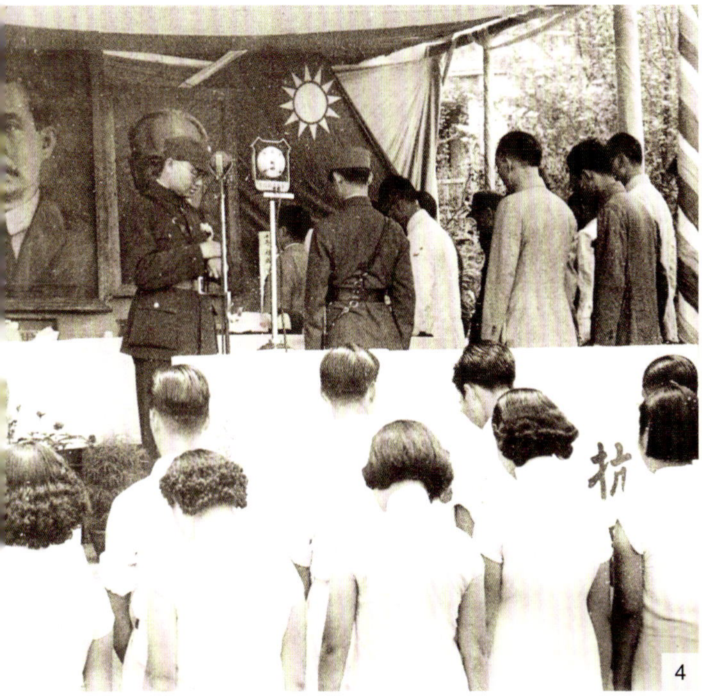

4

5

6

7

据国共两党协议，中国工农红军改编为中国国民革命军第八路军（后改为第十八集团军）。图为正渡过黄河开赴前线的八
军指挥员邓小平(1904—1997)、朱德（1886—1976）、任弼时（1904—1950）、左权（1905—1942）（前排从右到左）。

泽东在延安窑洞撰写文章《论持久战》，指明中国抗战的方针和策略。

泽东题词：停止敌人的进攻，准备我们的反攻。

口，纪念中国抗战一周年。在中山公园的孙中山像前，为阵亡官兵默哀三分钟。

口，纪念中国抗战一周年。7月8日，一名中国妇女在计算自己的献金，然后投入抗战捐款箱。

路军副总司令彭德怀亲临百团大战前线指挥作战。

美龄（1897—2003，左一）参加抗日集会。

（二）海峡情浓万众心，携手救国抗侵略

日本殖民者对台湾的原住民进行残酷的殖民统治并大肆杀戮，台湾高山族同胞为反抗日本侵略者的野蛮屠杀，于1930年10月发动震惊中外的“雾社起义”，捣毁10余处日寇警察所，毙伤日寇百余人。台湾的民族民主运动虽然遭到日本殖民统治者的全面镇压，但台湾人民并没有被征服，继续以各种形式同日寇展开斗争。1937年全面抗战爆发后，在中华民族抗日救亡高潮中，台湾同胞一方面在岛内开展抗日武装斗争，另一方面，在曾追随孙中山参加过国民革命的黄埔二期生、台北县芦洲乡人李友邦将军的组织下，台湾义勇总队的5万多人，渡海翻山，回到祖国大陆参加抗日战争，并组织医疗队对军人、出征家属及贫苦民众等一律免费诊疗。“台湾义勇军”下设“台湾少年团”，对台籍志士子女予以照料与教育，并训练孩子们从事抗日宣传工作。在抗日战争中，有65万余台湾同胞为抗击日寇而牺牲，有数以百万的台湾同胞被日寇杀害。台湾同胞的抗日斗争，为争取台湾回归祖国、维护国家主权和领土完整做出了不可磨灭的贡献，是中国人民抗日战争的重要组成部分。

1

三、抗战救国万众心，国共合作驱倭寇

2

3

4

5

6

军进行残酷清乡，肆意捕杀台胞。这张照片出自1913年日本军部印行的《大正二年讨伐军纪念册》，地点在现今台湾武陵场一带的泰雅族部落。日军砍人头夸耀战功，残忍程度，连站在后面的日本小兵也露出惊恐的表情。

那·鲁道（中），领导雾社群六个部落，攻陷13个驻在所和雾社公学校运动会会场，其后遁入马赫坡溪谷与岩窟，继续与军对抗。最后，在亲手杀了孙子，命妻子自缢后，逃到深山举枪自尽，是为台湾原住民的民族英雄。

军使出所有现代化的武器：飞机、机关枪、曲射炮、山炮，甚至瓦斯弹、毒气弹，来攻击部落、消灭原住民。图为原住民住地。

50名抗日原住民，趁着雾社公学召开运动会的机会，杀死了日本警察及其家人134名，还误杀2名穿日服的汉族人。

伐雾社后，日本警察马上集合全社儿童，教简单日语，并发给和服和学生帽。

湾同胞为纪念雾社起义而修筑的纪念碑。

1

2

3

三、抗战救国万众心，国共合作驱倭寇

4

5

6

湾义勇队附设“台湾医院”的医疗工作人员合影。原件藏台北中国国民党中央党部。

湾义勇队是唯一一个由旅居祖国大陆的台胞组成的抗日武装。1939年2月成立，一直战斗到1945年抗战胜利。图为义勇
的创始人和领导人李友邦将军（1906—1952）。

友邦在浙江组建的“台湾少年团”在组织上隶属于台湾义勇队。

罗会议后，国民政府展开光复台湾的工作。1945年4月，中央训练团举办台湾行政干部训练班，连震东（1904—1986）参
了民政组受训。图为受训人员合影。

留祖国大陆的台胞以创办刊物、编辑丛书的形式，系统介绍台湾人民不屈不挠的抗日情况，开展强大的抗日复台宣传。图
部分刊物书影。

湾革命同盟会于1941年2月10日在重庆成立，以团结台湾人支持国民政府抗战，并争取台湾光复为宗旨。图为成立会现
。原件藏台北中国国民党中央党部。

（三）捷报频传终胜利，举国齐贺喜欲狂

第二次世界大战中，中国与同盟国共同抗战，成为英美在亚洲最重要的盟国，国际地位得到大力的提升，英美两国首先声明放弃在中国的治外法权以及其他相关的不平等权益，其他各国也相继取消对中国的差别待遇。随着抗战的捷报以及最终的抗战胜利，中国百年来不平等的枷锁得以解除。

1945年8月15日，日本宣布无条件投降，中国人民经过长期的浴血奋战，抗战最后的胜利终于来临。台湾遭受50年殖民统治的枷锁也宣告解除，宝岛从日寇的铁蹄下重新回到了祖国的怀抱。国共两党与全国人民一起为抗战的胜利与台湾的回归而欣喜欲狂，纷纷上街游行欢庆。

1945年10月25日，中国战区台湾省受降仪式在台北中山礼堂举行。这一天被称为“台湾光复日”。

1

三、抗战救国万众心，国共合作驱倭寇

2

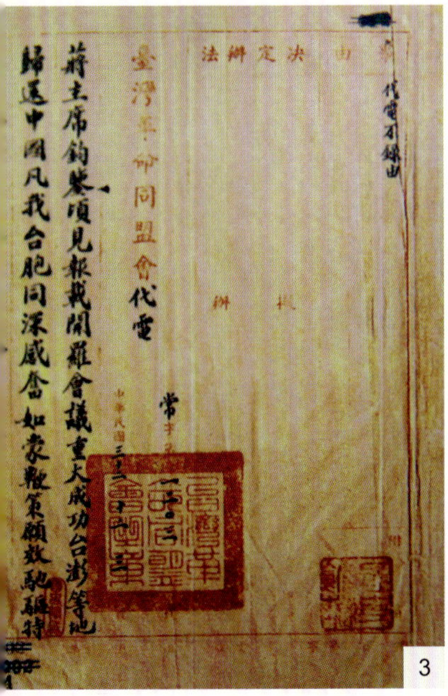

3

代電可錄由

決定辦法

擬辦

臺灣革命同盟會代電

蔣主席鈞鑒頃見報載開羅會議重大成功台澎等地歸還中國凡我台胞同深感奮 如蒙鞭策願效馳驅特

4

5

6

945年9月3日，毛泽东在重庆庆祝胜利日酒会上与蒋介石握手致意。

943年11月27日，中、美、英三国首脑在埃及首都开罗正式签署《开罗宣言》，明确声明，将日本窃取的中国领土包括东北、湾、澎湖列岛等，归还中国。

湾同胞庆祝开罗会议顺利召开的贺电。原件藏台北中国国民党中央党部。

庆各界举行庆祝中国与英美等国签订平等新约的大游行。

华日军中国派遣军总参谋长小林浅三郎（右）（1891—1974）向中国战区陆军总司令何应钦（1890—1987）（左）呈递降书。

民政府于1946年5月凯旋还都南京，蒋介石率党政军民代表恭谒中山陵。

1

2

3

4

三、抗战救国万众心，国共合作驱倭寇

5

6

7

亢战胜利后，蒋介石与宋美龄一行到南京拜祭中山陵。

蒋介石在南京带领众人拜祭抗战期间阵亡的将士。

毛泽东亲笔题词：庆祝抗日胜利，中华民族解放万岁。

945年9月9日，中国战区日军投降仪式在南京举行。图为仪式现场。

947年2月25日，南京审判战犯军事法庭审判长石美瑜（1908—1992）在准备对南京大屠杀主犯谷寿夫审讯前，在军事法庭
卜留影。抗战胜利后，石美瑜主持军事法庭实地收集了大量的证据。

946年，汪精卫（1883—1944）之妻陈璧君（1891—1959）（前左二）在苏州法庭受审。陈璧君参与伪政权内部权力运
乍。抗战胜利后，陈氏以汉奸罪名被判处无期徒刑。

中国妇女团体在重庆向陈纳德（右）献旗。抗战爆发后，陈纳德组织美国志愿航空队又称飞虎队，英勇作战，对中国抗战有
卓越的贡献。

1

2

三、抗战救国万众心，国共合作驱倭寇

3

5

4

旅居汉口的台湾同乡会在街上游行庆祝，欢呼台湾回归祖国。

北平各界人士在故宫召开庆祝抗战胜利的大会。

重庆各界举行庆祝抗战胜利大游行。图为中国国民党中央党部搭建的庆祝胜利牌楼。

重庆国际妇女互动会主席凯瑟琳·博耶小姐（前右二），将一枚美国纽约妇女互动会的荣誉金质勋章颁给宋美龄，以表彰她在祖国面临危机时所展现的“不屈不挠的勇气与领导力”。

1945年10月25日，中国战区在台湾举行受降典礼，台湾回归祖国。图为受降典礼后中方代表合影。

四、宝岛台湾创辉煌，缔造亚洲四小龙

蒋经国(1910—1988)继承孙中山的遗愿，在任期间，号召全台湾人民团结在孙中山的三民主义旗帜下，大力改革创新，建设宝岛台湾。他以复兴台湾与中华传统文化为己任，全面实施“三七五减租”为首的土地改革以及发行新台币、稳定币值等一系列改革措施，促进台湾的经济建设以及民主宪政的进一步发展。在风云跌宕的内外局势纷扰下，凭着台湾民众共同艰苦、努力奋斗，美丽的宝岛台湾，缔造了经济发展的奇迹，并最终把握住机遇，跃变为“亚洲四小龙”之一。

孙中山在台湾播下的革命思想，已深入到台湾民众的内心深处。新世纪以来，整个中华民族正走向伟大复兴，祖国内地与台湾的经济文化交流越发密切，两岸人民对孙中山的尊崇之情以及秉承孙中山“民族主义”的情感，必然成为促进两岸最终统一的精神纽带。

（一）蒋经国继承遗志，关爱人民促改革

蒋经国秉承孙中山民族、民权、民生的精神与理念，自主持台湾地方行政以来，以勤政爱民著称，提出“平凡”、“平淡”、“平实”六字方针，与各级行政人员共勉，要求大家发挥团队合作精神，切实做好为民服务的工作。蒋经国大力推行一连串的为民革新：全面实施币制改革，发行新台币，稳定台湾岛内物价与脆弱的经济基础；提出十项行政革新指标，刷新新政风；实行以“三五七减租”为首的九项加强农村经济建设措施，改善农村生活；并起用大量青年优秀人才，推行更彻底的民主宪政，激发青年参与社会事务的热潮；使整个社会充满乐观蓬勃的朝气，一扫冷战时期台湾岛内外局势交困的阴霾。

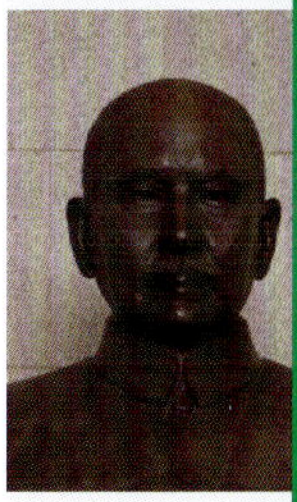

2

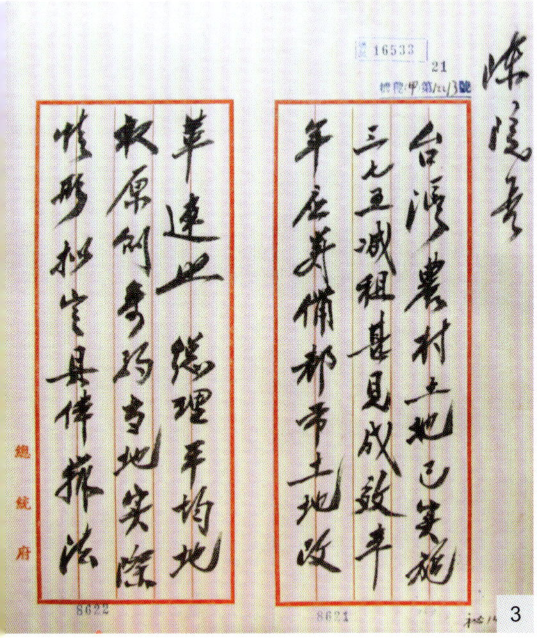
陈院长：台湾农村土地已实施三七五减租甚见成效，本年应筹备都市土地改革，速照总理平均地权原则，参酌当地实际情形，拟定具体办法

总统府

3

中央日報　三十八年六月十五日

臺省改革幣制

今起開始發行新幣

新幣準備金為黃金八十萬兩

以五比一比率直接聯繫美金

每一新臺幣折合舊幣四萬元

公教待遇將照新幣合理調整

4

蒋经国于1976年12月5日赴中兴新村，探望受伤干部谢东闵（1908—2001）手伤复健情形。

新旧台币的对比。

1949年2月，陈诚（1898—1965）宣布实施“三七五减租”，效益显著。1953年起全面实施耕者有其田政策。图为蒋介石致陈诚院长指示。原件藏台北。

1950年6月15日，台湾宣布实施币制改革，由台湾银行发行新台币以代替旧有的台币，恢复台湾人民对货币的信心，通货膨胀情况自此逐渐好转。图为台湾《中央日报》刊载币制改革的情况。

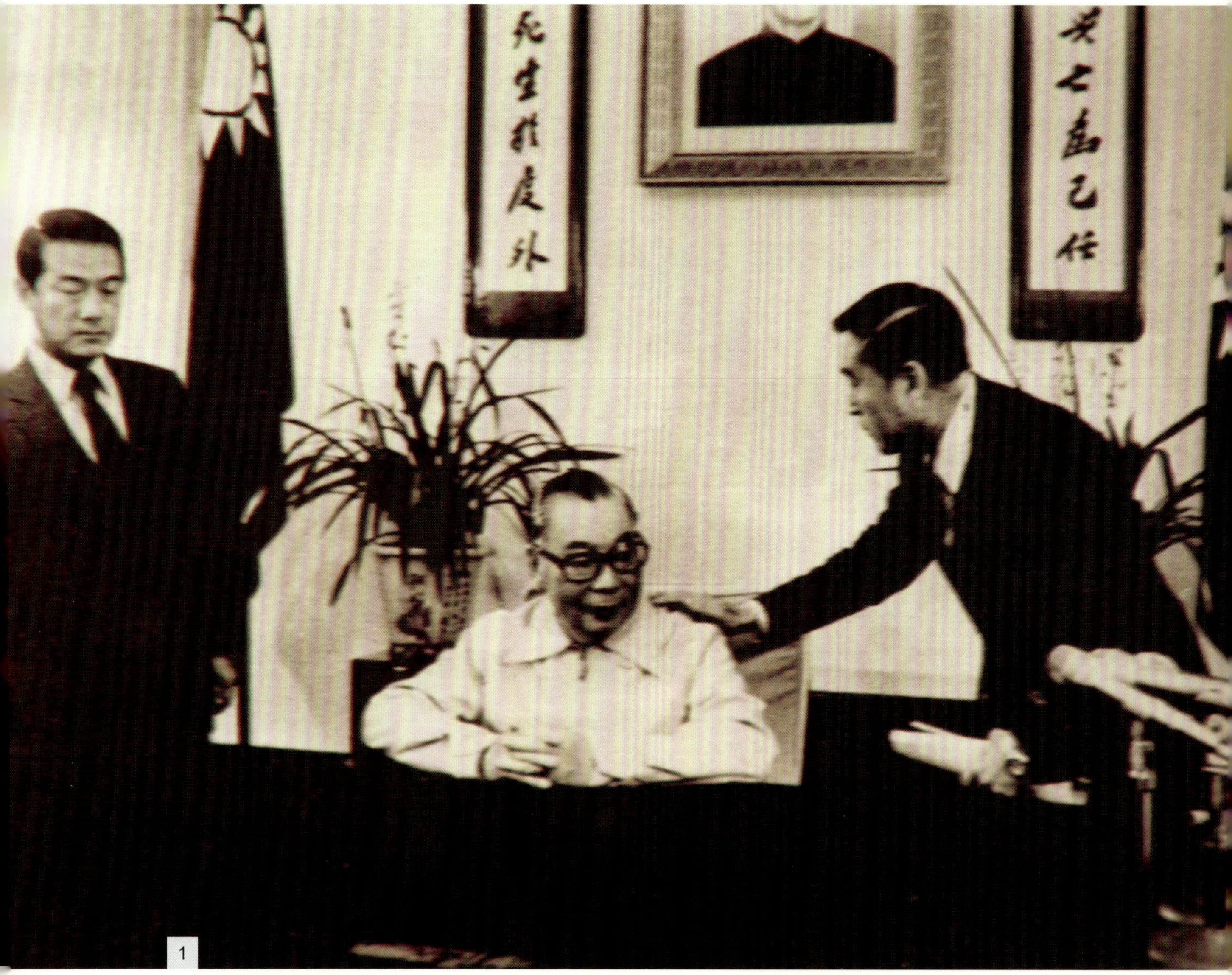
1

2

3

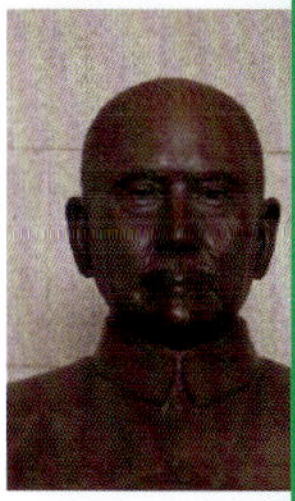

四、宝岛台湾创辉煌，缔造亚洲四小龙

4

5

1982年1月，蒋经国于农历年前向全台湾民众发表谈话，充分显示其一贯亲民的作风。宋楚瑜（左）等幕僚协助安排电视录像。

1953年起全面实施耕者有其田政策。1963年，全台湾举办“十年有成”成果展览会。

1952年台湾政府实施“公地放领”，农民兴奋，争相观看台南县张贴的公告。

蒋介石引退后，中国国民党锐意改造。1950年8月5日成立“中央”改造委员会，以陈诚（前排右五）、蒋经国（前排右一）、谷正纲（前排右四）、郑彦棻（前排左一）、连震东等十六人为改造委员。

1980年7月16日，在蒋经国的极力推动下，专责办理选举事务的中央选举委员会正式在台湾成立，由台湾内务部部长邱创焕（左二）兼任主任委员。图为挂牌仪式现场。

（二）台湾人民双手创，奇迹建设美丽岛

1973年，受第一次石油危机爆发、全球经济不景气的影响，台湾岛内经济亦连带出现了不太稳定的情形。蒋经国以孙中山为楷模，为促进“民生”的发展，在施政报告中，提出五年内完成九项重要建设，以加速经济发展，改善经济结构。这九项建设为：南北高速公路、台中港、石油化学工业、大钢厂、大造船厂、北回铁路、苏澳港、桃园国际机场及铁路电气化，后来加上核能发电厂，统称十大建设。为此，台湾政府投入了一千多亿新台币，是台湾光复以来，最具魄力的一笔公共投资。蒋经国的远见和决心以及台湾人民继承的中华民族刻苦勤劳的传统，不仅使台湾岛安然度过国际经济危机，也突破了经济发展的瓶颈，使台湾地区的经济结构由传统的农业经济蜕变为以资本密集和技术密集产业为主的工业发展，创造了为世人所瞩目的“台湾经济奇迹”。十项建设完成之后，台湾政府又进行了多项经济建设，台湾岛的进步一天天加快。台湾岛把握住时代机遇，最终跃变为“亚洲四小龙”之一，令全世界都钦佩。“台湾模式”被世界各地政府争相研究与学习，成为经济腾飞的典范。

1

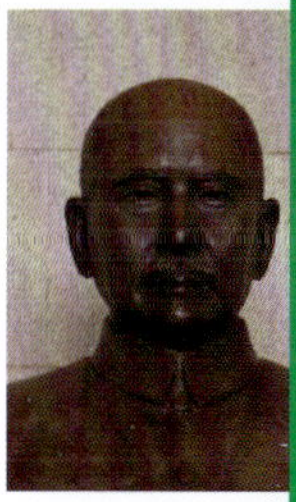

四、宝岛台湾创辉煌，缔造亚洲四小龙

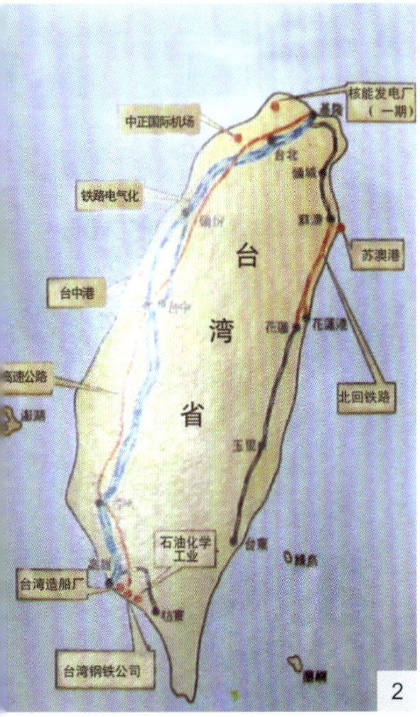

2

3

4

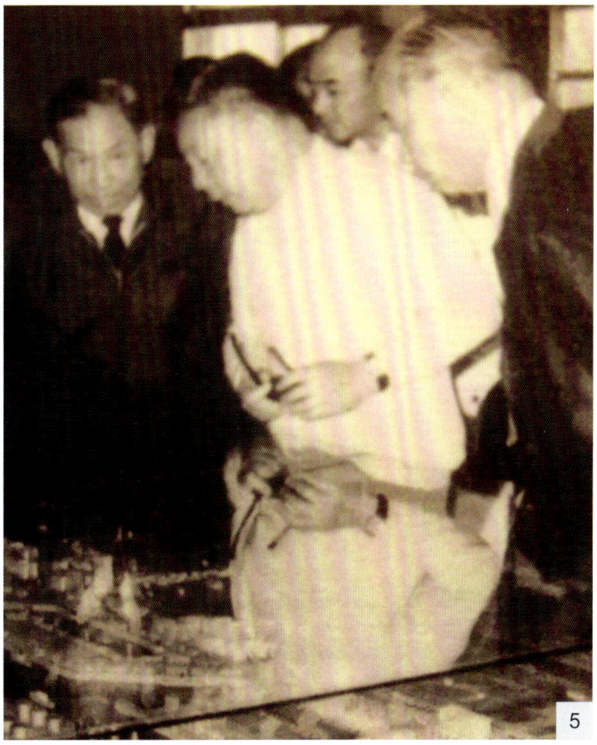
5

1974年，蒋经国视察台湾南北高速公路建设的情形。十大建设大幅提升了台湾基础设施的水平，成为蒋经国在台湾最重要的政绩之一。

蒋经国推动的十项建设，改变了台湾地区的经济结构，创造世人瞩目的“经济奇迹”。

此图为位于台湾岛南端的宜春的风力发电站，蒋经国的经济建设成果之一。

1966年1月4日，蒋介石偕夫人宋美龄等人参观经济建设成果展。

蒋经国于1972年6月就任台湾“行政院”院长后，致力行政革新与经济建设。图为1973年10月26日，蒋经国视察十大建设之一的台中港兴建工程。

1

2

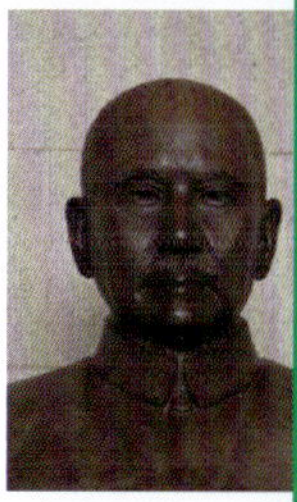

四、宝岛台湾创辉煌，缔造亚洲四小龙

3

4

远东第一条公路长桥——台湾西螺大桥雄姿。公路桥与东西横贯公路的开辟，不但有助于台湾东部的繁荣，并且还发现了丰富的资源。

美丽的苏澳港，蒋经国的十大建设之一。

蒋经国十分关心民众生活，时常到台湾各地巡视，了解民众需要。图为1974年，蒋经国视察福建外岛马祖，与当地百姓亲切交谈。

台湾高雄火力发电厂于1954年11月开工，至1956年12月完成第一组装置工程。

1

2

3

4

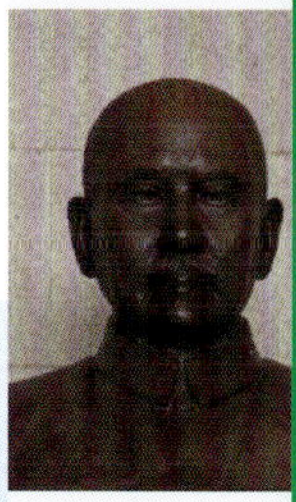

四、宝岛台湾创辉煌，缔造亚洲四小龙

5

蒋经国就任台湾“行政院”院长后，勉励各级行政人员发挥团队精神，为民众服务。1988年10月10日辛亥革命纪念日，美国在台协会台北办事处处长丁大卫（David Deam）向蒋经国致贺，马英九（右后一）在旁传译。时任“外交部”副部长的丁懋时（右后二）在场。

沟通南北的台湾地区国道中山高速公路。

中国台湾造船公司高雄总厂是一座规模宏大的现代造船厂。

核电厂的兴建，使台湾的电力建设进入一个新阶段。

穿越崇山峻岭对台湾东部建设有重大效益的北回铁路。

1

2

預約專線
2370-1988
名留集團
辣の國
鴛鴦火鍋
自助沙拉
午餐200
250吃到飽
FRiDAY'S
濟州
豆腐鍋之家
2370-7026
AM11-PM11
Hair Salon
NATURALLY
MUSE'S
第一銀行
JOJO
THE SIX CLUB
3

四、宝岛台湾创辉煌，缔造亚洲四小龙

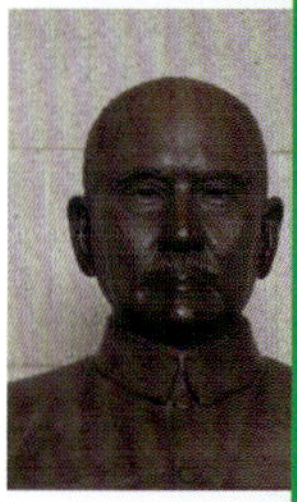

4

5

台湾的经济发展为世人瞩目。图为台北的桃园机场。

充满魅力的台北市区全景鸟瞰图。

繁荣的台北夜市。

台湾南回铁路金仑隧道工程。

图为举世瞩目的台北101大楼，原名台北国际金融中心。台北101大楼的建成，显示台湾地区的金融与建筑的实力在世界上已经居于领先地位。

（三）秉承中山民族情，两岸齐心望统一

孙中山在台湾播下的革命思想，已深入到台湾民众的内心深处。孙中山临终之时，也不忘中华民族的命运、祖国的统一，盼望着中华民族的重新崛起。这种鞠躬尽瘁的民族情怀是值得两岸人民共同景仰与铭记的。新世纪以来，在共同建设和谐社会的倡导下，两岸人民在经济、商贸、文化、旅游等各种交流越加密切。在中华民族走向伟大复兴之路的时刻，两岸人民都不忘孙中山为中国民主革命所建立的历史功勋，共同学习、继承和发扬孙中山的爱国思想、革命意志和进取精神，两岸以及海内外皆有不少组织和团体都定期举办纪念孙中山的活动，越来越多的台湾同胞来到大陆以及去往世界各地，追寻孙中山曾经的足迹，缅怀一代伟人。在孙中山中华民族伟大复兴精神感召下，两岸及海内外的中华儿女都团结在一起，这必将有利于促进中国最终的和平统一和中华民族振兴崛起的伟大事业的发展。中华民族，在孙中山的精神与和谐之光的指引下，在不久的将来必然会重新屹立在世界民族强国之林。

1

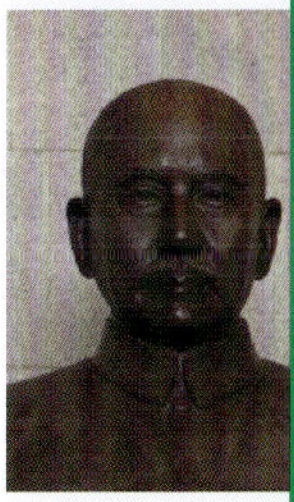

四、宝岛台湾创辉煌，缔造亚洲四小龙

2

3

2005年，中共中央总书记胡锦涛（右）在人民大会堂热烈欢迎连战先生（左）。

2005年4月26日，中国国民党主席连战率访问团抵达南京，开始国共关系史上历史性的和平之旅。

连战应邀在北京大学演讲《坚持和平，走向双赢》，寄语青年学子为民族立生命，为万世开太平。

1

2

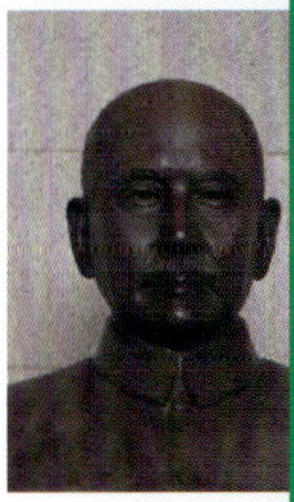

四、宝岛台湾创辉煌，缔造亚洲四小龙

3

4

. 2008年5月28日下午，中共中央总书记胡锦涛在北京人民大会堂迎宾厅欢迎台湾访问团一行。图为胡锦涛（右）与吴伯雄（左）握手致意。

. 吴伯雄率团出席2008年12月20日至21日在上海举行的第四届两岸经贸文化论坛。图为吴伯雄在会上致词。

. 2008年5月26日，中国国民党主席吴伯雄应邀率团访问大陆，首抵南京。次日恭谒中山陵后，在中山陵前挥毫题词留念。

. 吴伯雄成功访问大陆返台后，马英九会见中国国民党访问团团员。

五、伟人真迹珍贵史，中华英雄多豪情

中华民族历史的史篇是我们珍贵的足迹，它也是我们一笔宝贵的文化遗产。孙中山在台湾“中国国民党党史馆”、“台北国父纪念馆”、“台北国父史迹纪念馆”等地，给后人留下了很多真迹，从这些文物中，让我们看到伟人的精神和风采的再现，启迪我们继续奋发图强，振兴中华。

1

2

3

五、伟人真迹珍贵史，中华英雄多豪情

4

壹千圓

一本債券發行償還均以日本幣爲準
一本債券利息爲照券面價格一倍
一本債券於新政府成立後三年內由
財政部定期公告償還
一本債券於財政部公告償還後三年
內得向革命債券整理局或原經手
之募餉局換取本息
一本債券得任意轉讓
中華民國　年　月　日
中華革命黨總理
孫文

5

为孙中山与蒋介石1924年从广州北上韶关的火车上的仿真蜡像。原件藏台北中正纪念馆。

华革命党总理印玺。原件藏台北国父纪念馆。

中山给友人手书“博爱”题词。原件藏台北国父纪念馆。

华革命党总理印章。辛亥革命的成果被袁世凯窃取后，孙中山再次起义，成立中华革命党，号召全中国人民团结起来维护共，讨伐袁世凯。原件藏台北国父纪念馆。

“二次革命”时期，孙中山制定的讨袁筹款券。原件藏台北国父纪念馆。

华民国元年，孙中山先生手书“奋斗”题词，勉励革命党人继续为革命事业，振兴中华而努力。原件藏台北国父纪念馆。

1

五、伟人真迹珍贵史，中华英雄多豪情

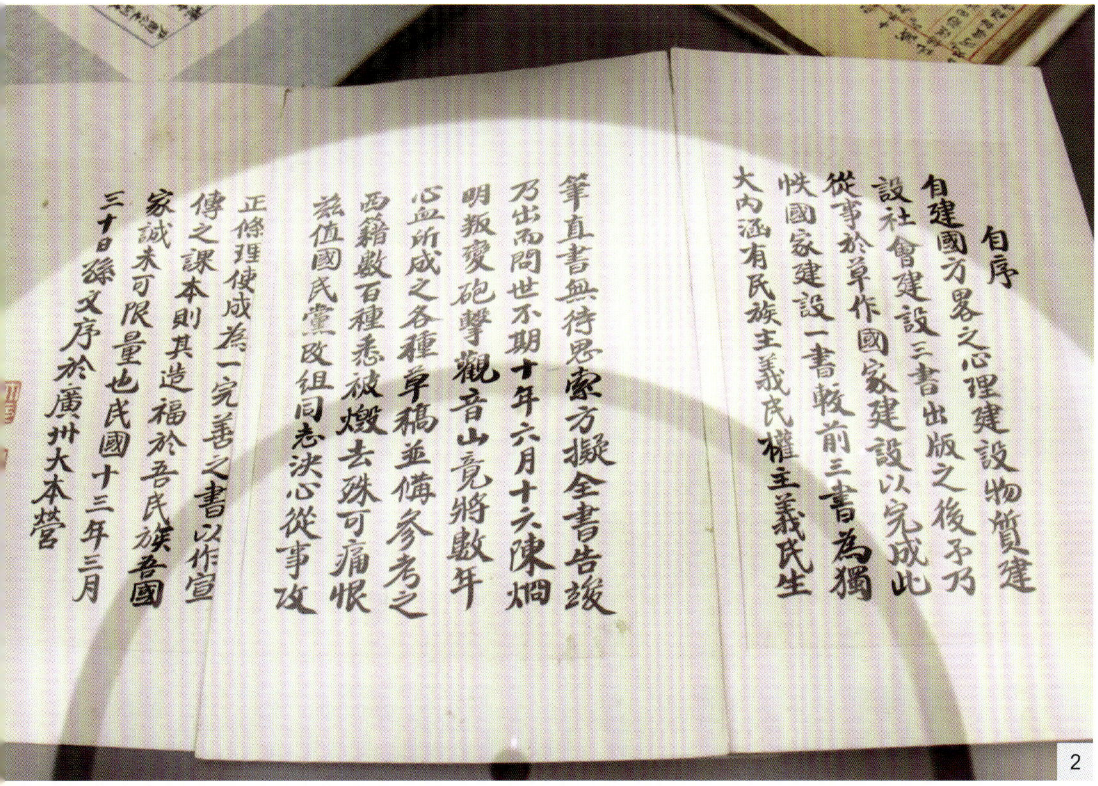

自序

自建國方畧之心理建設物質建設社會建設三書出版之後予乃從事於草作國家建設以完成此帙國家建設一書較前三書為獨大內涵有民族主義民權主義民生

筆直書無待思索方擬全書告竣乃出而問世不期十年六月十六陳烱明叛變砲擊觀音山竟將數年心血所成之各種草稿並備參考之西籍數百種悉被燬去殊可痛恨茲值國民黨改組同志決心從事攻正條理使成為一完善之書以作宣傳之課本則其造福於吾民族吾國家誠未可限量也民國十三年三月三十日孫文序於廣州大本營

2

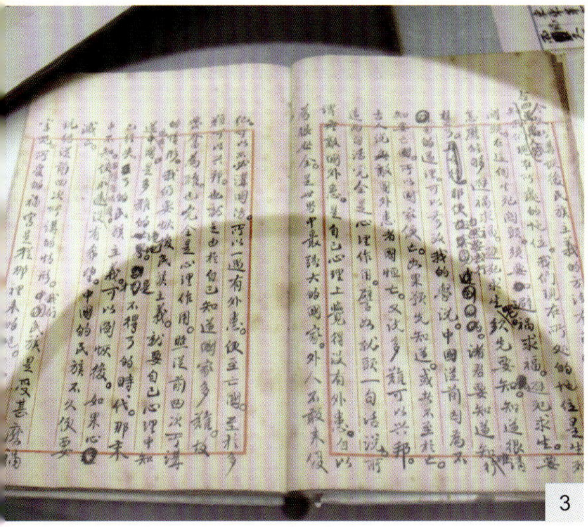

3

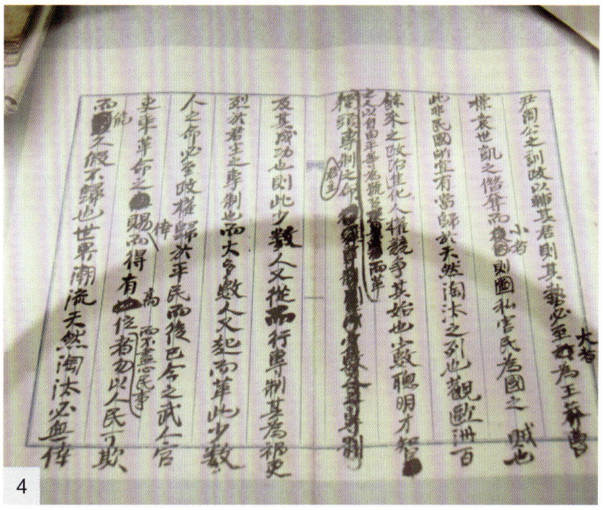

4

台北国父纪念馆的孙中山坐像。

4. 孙中山手订三民主义原稿。三民主义，是孙中山的革命建国思想与主张，中国国民党实践笃行的宏经宝典。五四运动时期，孙中山寓居上海，曾撰三民主义，后来毁于陈炯明(1878—1933)叛变的炮火中。1924年在广东高等师范学校作系统讲述，由黄昌谷(1889—1959)笔记，邹鲁(1885—1954)校读，孙中山亲订，最后完成民族主义六讲、民权主义六讲、民生主义四讲，共计十六讲。原件藏台北国父纪念馆。

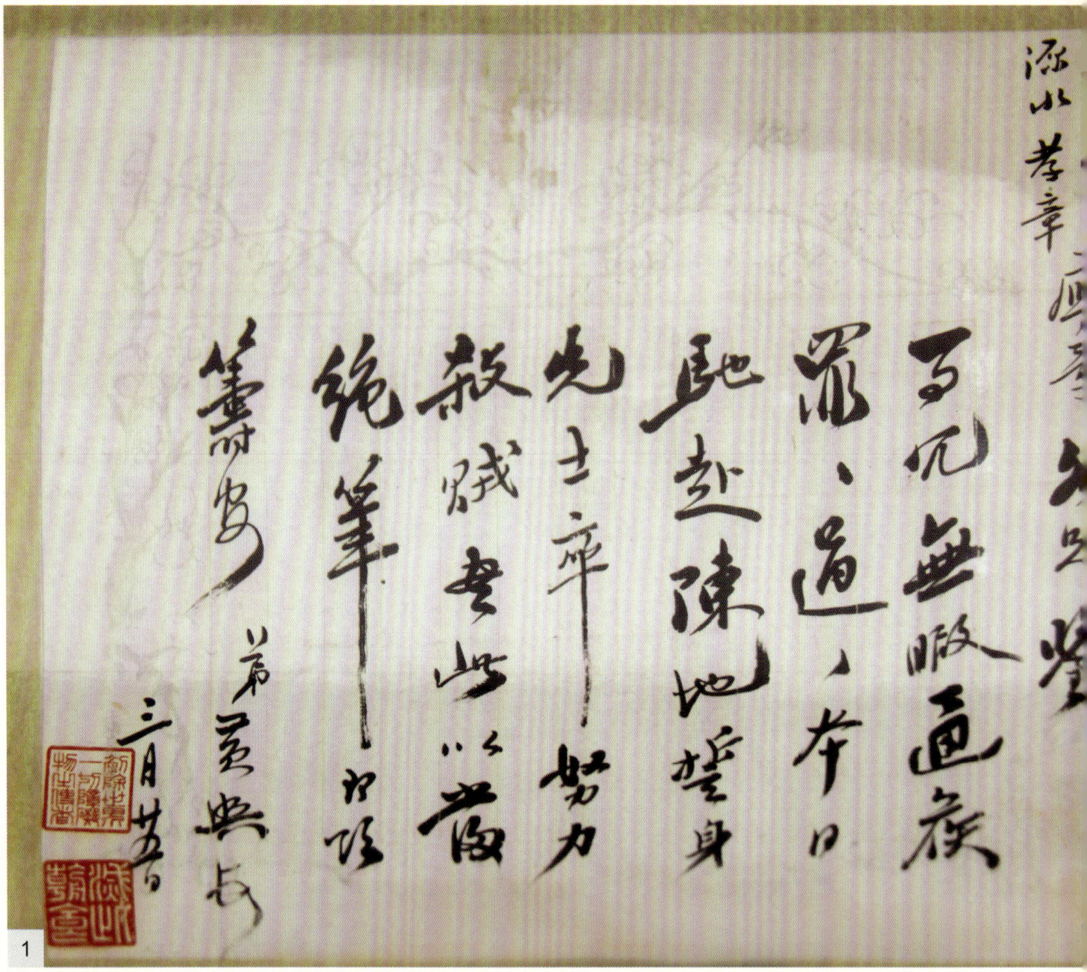

1

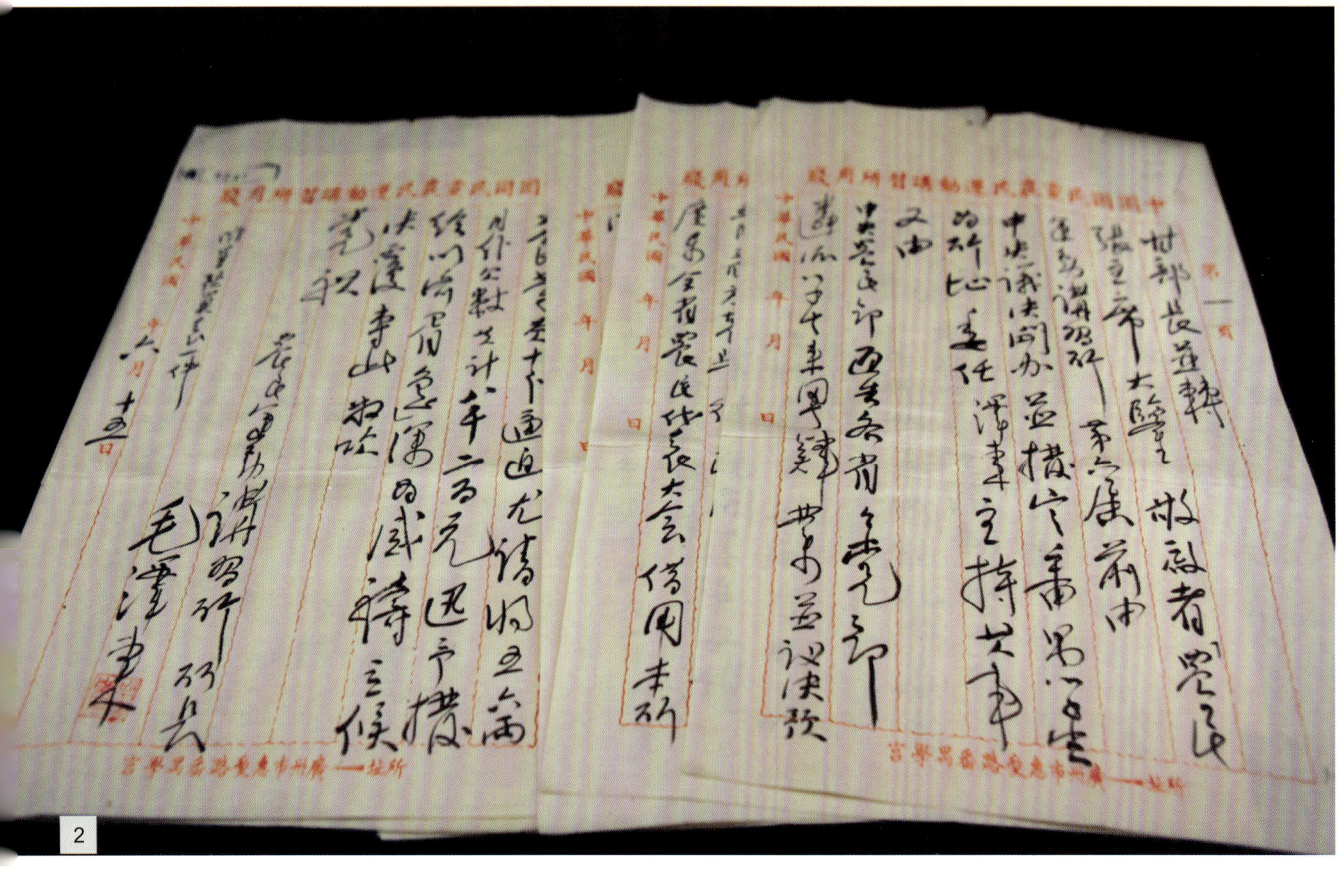

2

五、伟人真迹珍贵史，中华英雄多豪情

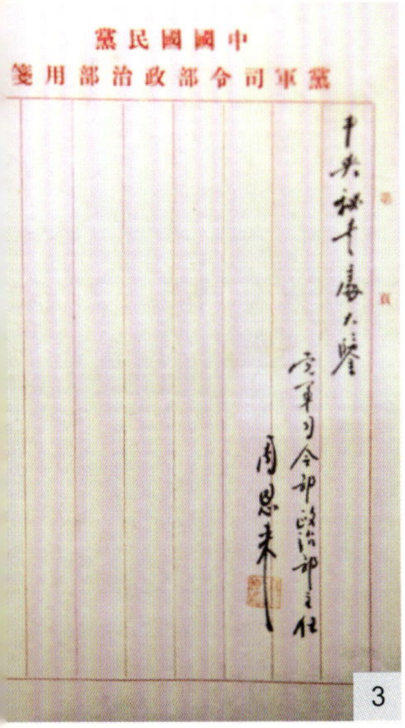

3

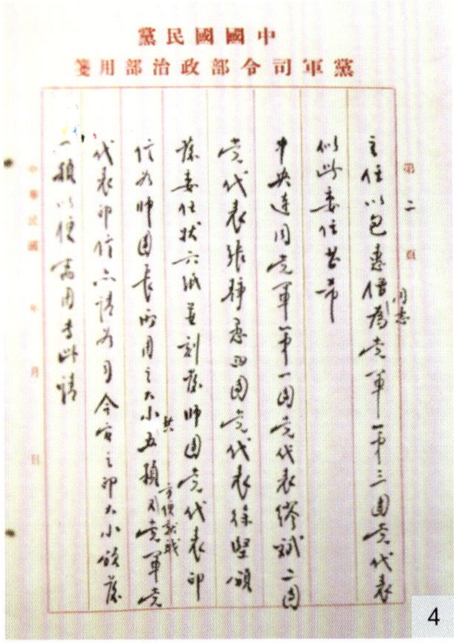

4

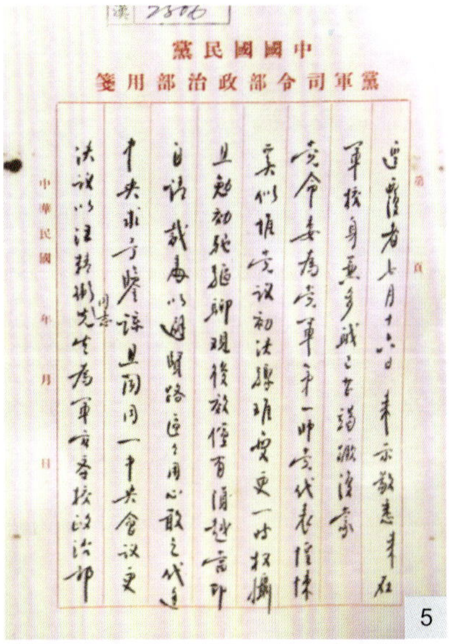

5

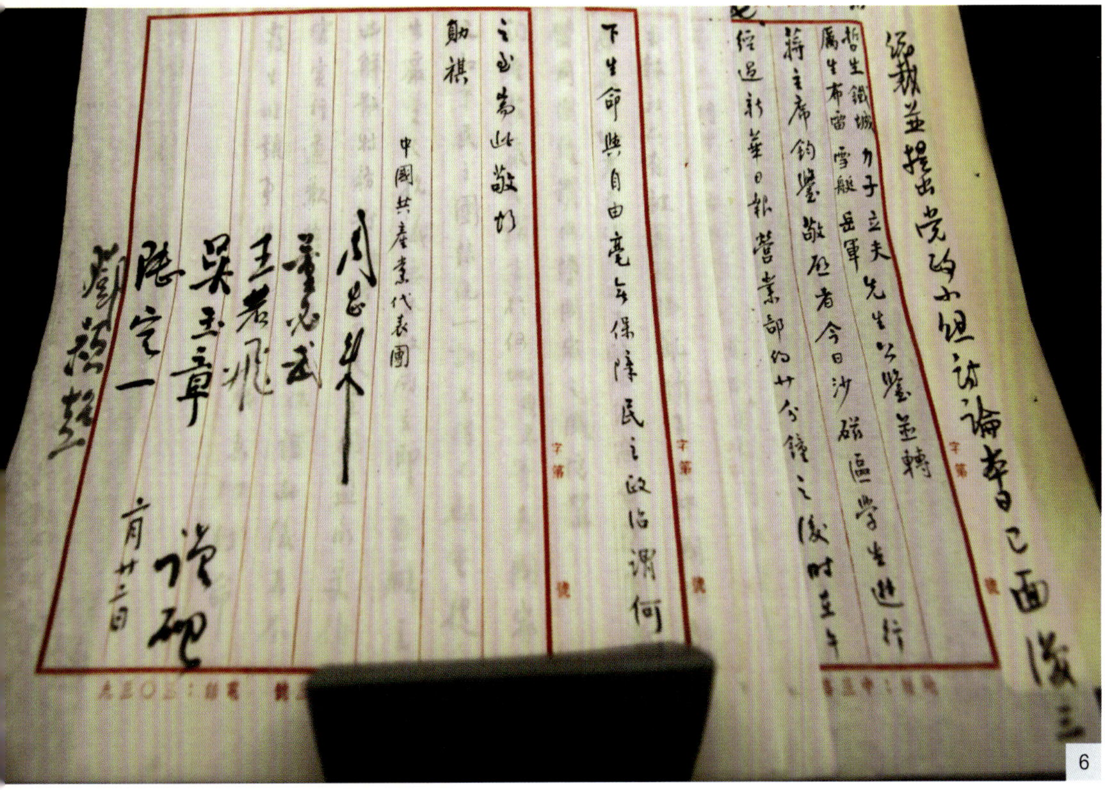

6

911年，广州“三二九”黄花冈起义前，黄兴所写绝笔遗书“誓身先士卒，努力杀贼”，表达革命党人对革命坚定的信念。
原件藏台北国父纪念馆。

第一次国共合作时期，毛泽东在广州农民运动讲习所工作时的手稿。原件藏台北中国国民党中央党部。

5.第一次国共合作时期，周恩来任中国国民党党军司令部政治部主任。图为周恩来1925年7月19日致中央秘书处函。原件藏台北中国国民党中央党部。

第一次国共合作时期，中国共产党在孙中山的三民主义以及“三大政策”的精神感召下，正式决定同孙中山领导的中国国民党合作，建立革命统一战线，参与中国国民党的内部改组。图为1923年中国国民党第一次全国代表大会在广州召开时，中国共产党代表团名单。原件藏台北中国国民党中央党部。

三民主義
三
五
民族主義
民生主義
民權主義
建國方略
五權憲法
孫中山

六、千秋功名垂青史，伟人评说显风采

孙中山是中国革命伟大先行者，他的思想是中华民族宝贵的精神财富。他以其博爱、慈善、天下为公、世界大同等思想深深地感动了世人。

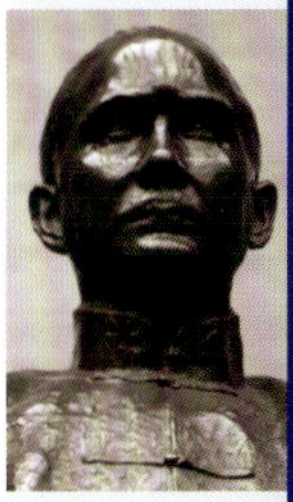

六、千秋功名垂青史，伟人评说显风采

世界潮流，浩浩荡荡，顺之者昌，逆之者亡。

国家之本，在于人民。

顺天意，应潮流，合人情。

民生是社会进化的重心。

感化人最要紧的就是诚。

统一是中国全体国民的希望，能够统一全国人民便能享福；不能统一便要受害。

——孙中山

孙中山是一个有远大目光和深刻预见的人。因此，他的一生是一个顽强的革命者的一生。

孙中山的遗训就是他的三民主义和三大政策。这是他在致力于完成中国反帝反封建的资产阶级民主革命的过程中发展而成的。

孙中山一生奋斗的目标已经实现并且已经超过了。但他的名字和他的精神仍然活在我们心中。我们为他四十年的忘我斗争而感到骄傲。他的遗言“必须唤起民众，及联合世界上以平等待我之民族”，今天听来仍然是正确的。

——宋庆龄

孙中山是一个谦虚的人。我听过他的多次演讲，感到他有一种宏伟的气魄。从他注意研究中国历史情况和当前社会情况方面，又从他注意研究包括苏联在内的外国方面，知道他是很谦虚的。

他全心全意地为改造中国而耗费了毕生的精力，真是鞠躬尽瘁，死而后已。

——毛泽东

孙中山先生在四十年的革命斗争中充分地表现了坚决和勇敢的革命精神。他不怕困难和失败，他在遭受失败后，又整顿好革命队伍，重新走上战场。孙中山先生能够随着历史的变化不断地进步，由早期的主张推翻皇帝、建立民国而进到晚年的提出联俄、联共、扶助农工的三大政策，由倡导民主革命而进到主张实现世界大同。在孙中山的一生中，他的革命精神永远是在前进的。

——朱 德

孙中山先生是伟大的革命家，是我们的老师。我们现在实行的新民主主义就是继承了孙中山先生的新三民主义。

——刘少奇

孙中山先生民主革命的思想，不仅在中国前一个革命阶段中产生了巨大的影响，而且对亚洲许多实行民族独立、民主革命的国家，也产生了不少的影响。

——周恩来

孙中山一生，经历了中国局势和世界局势的剧烈变化。他总是从世界发展大局来观察中国的前途和命运，努力使中国的发展赶上世界潮流。他勇于修正自己的思想和主张，不断地随着时代的发展而进步。“适乎世界之潮流，合乎人群之需要”，这就是孙中山的根本精神。

——邓颖超

孙中山先生是杰出的爱国主义者和民族英雄，是中国民主革命的伟大先行者。他在我国各族人民和一切爱国人士中享有崇高的威望。

我们真诚希望，全国各族人民进一步团结起来，海峡两岸、海内外一切敬仰孙中山先生的爱国者为实现祖国的繁荣富强，为完成祖国统一大业，为维护世界和平、进一步团结起来，为实现祖国的繁荣富强，为完成祖国统一大业，为维护世界和平、促进共同发展，为使中华民族对人类作出更大贡献而努力奋斗！

——江泽民

孙中山先生的一生，是为近代中国的民族独立、民主自由、民生幸福而无私奉献的一生，是为实现国家统一、振兴中华而殚精竭虑的一生。孙中山先生追求真理的开拓进取精神和矢志不渝的爱国主义情怀，孙中山先生天下为公的博大胸怀和放眼世界的开放心态，孙中山先生生命不息、奋斗不止的坚强意志和鞠躬尽瘁、死而后已的高尚品德，是他留给我们的宝贵精神遗产。

——胡锦涛

中山先生毕生为之奋斗的宗旨和他全部思想的核心，就是振兴中华、民族复兴。在当年那个风雨如晦的时代，中山先生第一个喊出“振兴中华”的响亮口号，发出了我们这个饱经苦难的民族最强烈的心声，唤醒了千千万万的民众，激励了无数爱国志士前仆后继、浴血奋斗。中山先生的所作所为、所思所言，都来源于振兴中华的决心，服务于民族复兴的目标。

——王　毅

孙中山先生毕生追求真理，始终跟随历史前进的步伐，努力站在时代发展的前列。孙中山先生注重把人类先进的思想成果为我所用，首倡共和，开辟了资产阶级民主革命的道路；孙中山先生顺应世界进步的潮流，联俄联共，将中国的革命事业推向新的高潮；孙中山先生明确提出“建设是革命的唯一目的”，要实行“开放主义”，赶超西方经济发达国家，显示了对未来中国发展的远见卓识和宏伟气魄。

——汪　洋

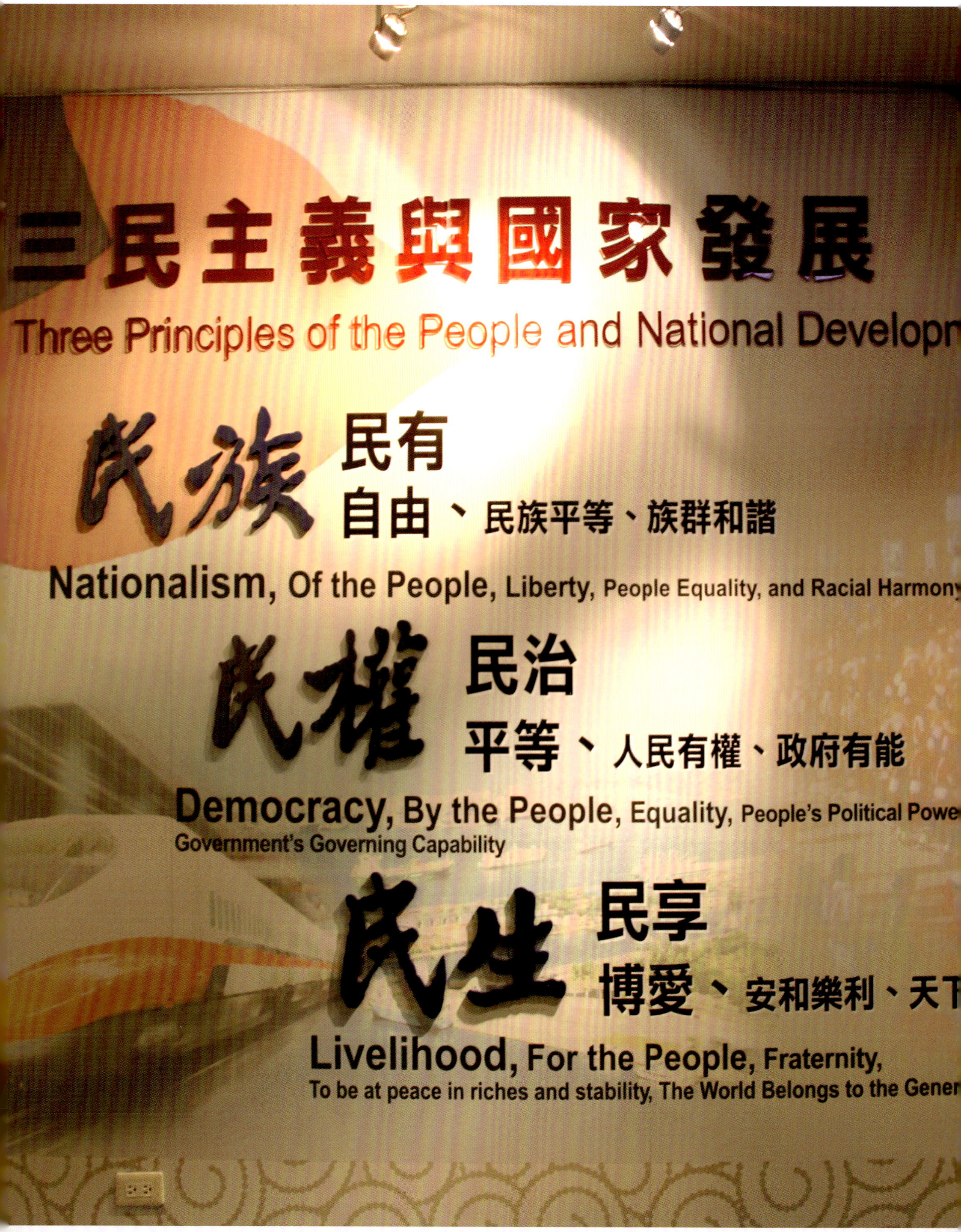
三民主義與國家發展
Three Principles of the People and National Developm
民族
民有
自由、民族平等、族群和諧
Nationalism, Of the People, Liberty, People Equality, and Racial Harmony
民權
民治
平等、人民有權、政府有能
Democracy, By the People, Equality, People's Political Powe
Government's Governing Capability
民生
民享
博愛、安和樂利、天下
Livelihood, For the People, Fraternity,
To be at peace in riches and stability, The World Belongs to the Gener

中山先生一生历史具在，站出世间来就是革命，失败了还是革命；中华民国成立之后，也没有满足过，没有安逸过，仍然继续着向近乎完全的革命工作。

——鲁　迅

中山先生所以能至死保留着他的领袖资格，正因为他终身不忘读书，到老不废修养。

——胡　适

他（孙中山）不是惧怕未来，而是相信未来，奋不顾身地为未来而斗争。

——列　宁（著名马克思主义者、革命家）

孙中山先生不仅是中国人民一位领袖，同时也是为全世界、特别是为亚洲树立了榜样的一位领袖。……在我们国家里，他的名字是人们所熟悉的，而且受着深切的敬重。

——吴　努（缅甸反法西斯人民自由同盟主席）

孙中山先生不仅唤醒了中国人民，也向全人类指明了一条自由之路，我们在印度把他看做如同我们的国父圣雄·甘地一般。

——贾卡尔（印度国大党领袖）

我们越南人民，深切崇敬孙中山献身的奋斗精神和崇高道德。孙中山毕生的民族民主革命活动，曾大大地鼓舞了越南人民争取独立和自由的斗争。

——胡志明（越南民主共和国主席）

孙中山博士是历史上的一位伟大的人物，他的功绩不仅播及中国人民，也播及全人类。

——苏加诺（印度尼西亚总统）

我从来也不曾结识像孙中山这样的人，如果有人问我，要我把所认识的最完善的人物举出名姓来，我将毫不迟疑地回答："孙中山！……他的柔和的脾气，他的温文有礼，他对于别人的设身处地的考虑和尊敬，他的饶有趣味的谈吐，以及他的亲切仁慈的风度，使人难以言传地为之倾倒，并且使我想到，他是一个与众不同的人物，一个执著于工作和献身者。

——康德黎（孙中山的老师，英国人）

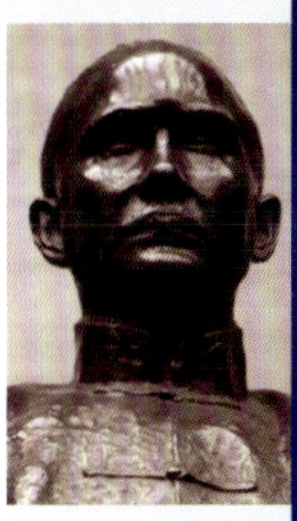

我的祖父国父孙中山先生，他为祖国的独立统一、民主和富强奋斗了终生，开辟了中国历史的新纪元。他为中华民族的复兴、中国历史文化道统之传承、中华民国之肇笔，鞠躬尽瘁。他创立三民主义为再造中华辉煌，早已彪炳史册。

孙中山先生改造中国的宏愿就是维护中国的领土完整。三民主义的原则与精神是与时俱进，有纪律的自由、有道德的民主，是大同思想的延伸。三民主义建国的目的是博爱（民族）、法治（民权）、均富（民生）。三民主义的本质是伦理、民主、科学。所以孙中山的思想对二十一世纪的启发是减少仇恨，走向民富国强的道路。事实上邓小平的改革开放与中山先生的振兴中华是一致的，他所提出的沿着中国特色社会主义道路与民生主义也是前后一致的，因为三民主义最具有中国特色的社会主义。三民主义是属于全民族、是全民革命。

1991年苏联共产主义思想及制度崩溃。历史事实证明：近百年来没有人对国家的宏观远景可以超越孙中山的远见，孙中山先生的三民主义是中国人自己的道路，是与我们的国策民生紧紧相连，国父中山先生说："以吾人数十年必死之生命，立国家亿万年不死之根基。"他矢志不移，率领革命党人，不屈不挠，终于"武昌枪声皇冠落"，推翻了腐朽的清王朝，建立了亚洲第一个民主共和国——中华民国。未来中国如何统一是二十一世纪最大的问题。国父说革命把全中国人更加团结起来，一定不可分裂中国，只有和平统一，人民才有幸福，国家才能富强。

当前，海峡两岸如何和平统一是世人关注的焦点，我们要和平，不要战争，所以台湾要放弃台独主张，中国大陆要争取和平统一，用孙中山思想来减少政治摩擦。因为过去一百多年中国人经历太多战祸，孙中山思想精神乃将来和平统一关键，孙中山思想是两岸统一的基础。

——孙穗芳（孙中山孙女）

附录　孙中山生平大事年表

1866年11月12日，出生于广东香山县翠亨村。

1875年，在翠亨村读私塾。

1879年6月，赴檀香山读书。

1883年7月，从檀香山回乡。

11月，赴香港读书，与陆皓东在香港入基督教。

1884年5月，与外沙乡卢慕贞结婚。

1886年，入广州博济医院学习西医。

1887年，转学香港西医书院。

1890年，致书郑藻如提出改良乡政、建设家乡的设想。与杨鹤龄、陈少白、尤列抨击时政，倡言革命，结成『四大寇』。

1892年，回乡翠亨主持建造新居。在香港西医书院毕业后赴澳门、石岐、广州等地开中西药局行医。

1894年1月，在乡起草《上李鸿章书》。赴上海、天津寻找上书门径。

11月，赴檀香山创立兴中会。

1895年，广州起义事泄，经澳门、香港往日本。

1896年，伦敦蒙难后在英国考察西方政治。

1912年元旦，就任临时大总统。结束中国的封建帝制，建立中国乃至亚洲历史上第一个共和国。

12月，当选为中华民国临时大总统。

10月，武昌起义，全国响应。

1911年4月，发动广州『三二九』黄花岗起义。

1910年2月，发动广州新军起义。

4月，发动云南河口起义。

1908年3月，发动钦州、廉州起义。

12月，发动镇南关起义。

9月，发动钦州防城起义。

6月，发动惠州七女湖起义。

1907年5月，发动潮州黄冈起义。

1905年，联合各革命团体在东京成立同盟会，被推举为总理。系统提出三民主义思想体系。

1904年，在檀香山加入洪门致公堂。在欧美宣传革命，组织革命团体。

1903年，领导革命派与保皇派的论战。

1900年，在东南亚开展武装起义的准备活动，发动惠州三洲田起义，建立起义指挥中心于台北。

8月，赴沪后与中国共产党代表李大钊会谈。

6月，陈炯明兵变。

1922年1月，出兵北伐，誓师桂林。

12月，接见共产国际代表马林(Hendricns J.F.M.Sneevlier)。

1921年5月，在广州组织中华民国非常政府，任非常大总统，再次在广州建立政权。

1919年10月，改组中华革命党为中国国民党。

1918年5月，辞职赴沪著书立说，规划国家经济建设的蓝图。

1917年9月，组织护法军政府，任海陆军大元帅，在广州建立政权。

12月，发动讨袁护国运动。

1915年10月，在东京与宋庆龄结婚。

1914年7月，在东京组织成立中华革命党，任总理。

1913年，发动讨袁的二次革命。

9月，受任全国铁路督办。

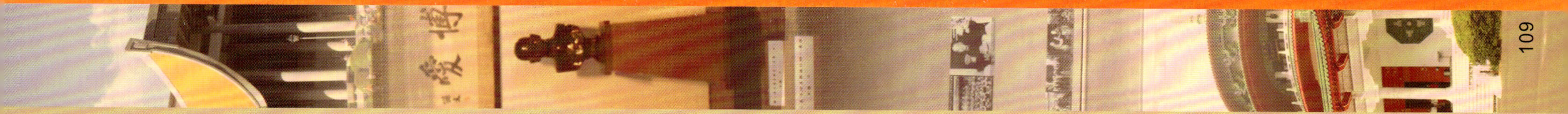

11月，审议中国国民党改进案。

1923年1月，发表《中国国民党宣言》，宣布建国主张；发表《中国国民党党纲》，宣布三民主义、五权宪法为建国纲领。与苏俄代表越飞（Adolf Abramovich Joffe, 1883—1927）会谈后签署《孙文越飞宣言》。

2月，在广州设立陆海军大元帅大本营，任大元帅，三次在广州建立政权。

11月，发表《中国国民党改组宣言》、《中国国民党党纲草案》和《中国国民党章程草案》。

12月，发表《关于海关问题之宣言》，抗议英美干涉中国内政。

1924年1月，在广州主持召开中国国民党第一次全国代表大会，发表宣言，重新阐释三民主义理论体系，促成国共两党合作，推动国民革命。

5月，创办黄埔陆军军官学校。

9月，发表北伐宣言，誓师韶关，准备北伐。

10月，平定广州商团叛乱。

11月，应邀北上共商国是，寻求国家统一，主张速开国民会议及废除中外不平等条约。

1925年3月12日，因病不治逝世于北京。

鸣谢

中国国民党党史馆
台北国父纪念馆
广东省立中山图书馆
广州孙中山大元帅府纪念馆
孙中山故居纪念馆
上海宋庆龄故居纪念馆
法国中欧促进协会
世界客属总会
世界客属总商会
香港客属总会
香港嘉应商会
中国和平统一促进会香港总会
香港惠州社团联合总会
香港河源社团总会
世界客属总会香港分会
孙中山足迹交流协会
广东省客属海外联谊会
世界客属总会新竹县分会
香港客属社团首长联谊会
深圳市展览展示行业协会
金利来集团有限公司
裕华国产百货有限公司
中国原产地商品品牌交易中心
南源永芳集团有限公司